Johanna Mücke, Alwin Alfred Rudolph
Erinnerungen an Rudolf Steiner

교사 루돌프 슈타이너를 만나다
베를린 노동자학교 재직 시절 1899~1904

원표제: Erinnerungen an Rudolf Steiner
독일어 원작을 한국어로 번역함

1판 1쇄 인쇄 2019년 12월 25일
1판 1쇄 발행 2019년 12월 30일

지은이 | 요한나 뮈케, 알빈 알프레트 루돌프
옮긴이 | 여상훈

발행인 | 이정희
발행처 | 한국인지학출판사 www.steinercenter.org
주소 | 04090 서울특별시 마포구 독막로 230 우리빌딩 2층 · 6층
전화 | 02-832-0523
팩스 | 02-832-0526

기획제작 | 쎙크스마트 02-323-5609
북디자인 | 김다은 design.daeun@gmail.com

ISBN 979-11-968748-1-0 (03370)

잘못된 책은 구입한 서점에서 바꿔 드립니다.
이 책은 한국인지학출판사가 스위스 바젤 소재 Zwinden Verlag의 허락을 받아 1989년 인쇄본을 텍스트로 하여 번역, 출간한 것입니다.
이 책의 내용, 디자인, 이미지, 사진, 편집 구성 등을 전체 또는 일부분이라도 사용할 때에는 발행처의 서면으로 된 동의서가 필요합니다.

이 도서의 국립중앙도서관 출판예정도서목록(CIP)은 서지정보유통지원시스템 홈페이지(http://seoji.nl.go.kr)와 국가 자료공동목록시스템(http://www.nl.go.kr/kolisnet)에서 이용하실 수 있습니다.(CIP제어번호: 2019049813)
이 책은 사단법인 한국슈타이너인지학센터, 인지학 출판 프로젝트 2025, 한국 인지학의 발전에 동행하는 독일 후원자의 도움으로 번역, 제작되었습니다.

후원계좌 | 신한은행 100-031-710055 인지학출판사

교사 루돌프 슈타이너를 만나다

베를린 노동자학교
재직 시절
1899~1904

요한나 뮈케,
알빈 알프레트 루돌프 지음
여상훈 옮김

차례

제1부
《루돌프 슈타이너 자서전 - 내 인생의 발자취》   5
28장

사민당의 노동자학교를 만나다 ─ 유물론과 마르크스주의 경제학의 의미와 허점 ─ 노동자 집단 안에 있는 개인의 영혼 ─ 계급 간의 다리가 끊어진 과정

제2부
루돌프 슈타이너와 함께한 날들1899~1904   15
요한나 뮈케Johanna Mücke

슈타이너를 만나기까지 ─ 유물론적 역사관은 아니지만 재미있는 강의 ─ 슈타이너의 수업 방식 ─ 문학 강의가 시작되다 ─ 슈타이너의 호의와 헌신 ─ 우리가 사는 목적 ─ 강연 요청이 이어지다 ─ 끝없이 기다리는 교사 ─ 수정주의와 원리주의의 충돌 ─ 적대자들의 등장 ─ 슈타이너의 부재를 핑계 삼다 ─ 스스로 퇴장을 결정하다 ─ 고상한 생각과 행위가 완전히 일치하는 사람

제3부
루돌프 슈타이너에 대한 기억, 그리고
베를린 노동자학교 시절의 그의 활   47
알빈 알프레트 루돌프Alwin Alfred Rudolph

I. 세기말의 베를린 풍경 ─ 빌헬름 리프크네히트와 노동자학교의 설립 ─ 잊지 못할 강사들 ─ 우여곡절 끝에 슈타이너라는 이름을 듣다
II. 드디어 만난 슈타이너 박사 ─ 슈타이너, 두 여성, 그리고 커피 타임 ─ 승낙!
III. "시인의 파이" ─ 슈타이너의 첫 인상 ─ 온몸이 정신이라니! ─ 사례에 무관심한 슈타이너
IV. 모든 것은 그의 머리 속에 ─ 자극하고 일깨우는 교사 슈타이너 ─ 토론의 새로운 방식 ─ 마르크스주의자들의 반론 ─ 슈타이너: 역사적 사건들의 원천인 의식
V. 형식과 분노를 모르는 편안함 ─ 오이게니 델레 그라치에를 소개하다 ─ 두 그룹으로 나뉜 학생들 ─ 슈티르너에 대한 평가
VI. 조르다노 브루노 협회 창립 행사와 슈타이너 박사의 화려한 등장 ─ <문학잡지>에서 손 떼다 ─ 수강생의 폭발적 증가 ─ 탁월한 문학 해설자
VII. "새로운 공동체"와 충돌하다 ─ 해켈 해설자 슈타이너 ─ 아는 것이 아니라 정신의 힘과 의지 ─ 슈타이너, 강사비 인상을 거부하다 ─ 노동자학교 창립자의 죽음
VIII. 여름방학의 소풍 풍경 ─ 온 세상 지식의 저장고 ─ 영국 여행과 슈타이너의 변신 ─ 조르다노 브루노 협회 강연의 신지학 파문 ─ "온몸이 정신인 사람", 노동자학교와 강연 세계를 떠나다

주석   155
루돌프 슈타이너 연보   160
루돌프 슈타이너 전집·교육서 안내   169

제 1부
《루돌프 슈타이너 자서전 - 내 인생의 발자취》

28장

사민당의 노동자학교를 만나다 — 유물론과 마르크스주의 경제학의 의미와 허점 — 노동자 집단 안에 있는 개인의 영혼 — 계급 간의 다리가 끊어진 과정

나로서는 힘들었던 이 시기에 베를린의 노동자학교 교장이 나를 찾아와 학교에서 연설 실습과 역사 수업을 맡아 달라고 요청했다. 나는 처음엔 이 학교가 사회주의와 연관돼 있다는 사실에 별로 개의치 않았다. 나는 노동자 계급 출신의 성인 남녀를 가르치는 멋진 임무를 눈앞에 그려 보았다. '학생들' 가운데 어린 사람이 별로 없었기 때문이다. 수업을 맡게 되면 인류 역사의 발전과정을 순전히 내가 생각한 대로 강의할 것이며, 지금 사회민주주의 계통에 널리 퍼져 있는 마르크스주의에 입각한 방식으로는 강의하지 않을 것임을 교장에게 분명히 밝혀 두었다. 그럼에도 그들은 계속 내가 수업을 맡아주기를 원했다.

이런 조건을 내세운 뒤로는 이 학교가 리프크네히트 Wilhelm Liebknecht(카를 리프크네히트의 아버지)의 사회민주주의에 기반을 두고 있다는 사실에 더는 마음을 쓰지 않았다. 내가 보기에 이 학교는 프롤레타리아 출신의 남녀들로 이루어져 있었다. 그들 중 압도적인 다수가 사회민주주의자였다는 사실에 전혀 개의치 않았다. 하지만 '학생들'의 정신적 성향에는 당연히 관심이 있었다. 나는 그때까지는 전혀 익숙하지 않았던 표현 방법으로 말해야 했다. 그들을 어느 정도 이해시키려면 그들의 개념과 판단 형식에 적응해야만 했다. 그들의 개념과 판단 형식들은 그 원천이 두 군데였다. 첫째 원천은 자신들의 생활이었다. 이 사람들은 물질적인 노동과 그 노동의 결과를 알고 있었다. 하지만 역사를 통해 인류를 이끌어가는 정신적은 힘은 아직 그들의 영혼에 떠오르지 않았다. 그러니 마르크스주의는 '유물론적 역사관'만으로 그들을 쉽게 설득할 수 있었다. 마르크스주의는 물질적 노동을 통해 생산된 경제적·물질적인 것만이 역사의 발전을 가져오는 힘이라고 주장했다. 마르크스주의에서 '정신적인 요인'은 물질적·경제적인 것에서 생겨난 일종의 부산물, 즉 이데올로기일 뿐이다. 더구나 당시 노동자 계급에서는 학술 교육에 대한 열망이 오래 전부터 커져왔다. 하지만 그 열망을 충족시켜줄 수 있는 것은 대중적인 유물론 학술 서적뿐이었다. 그런 책들만이 노동자들의 개념과 판단 형식에 부합했기 때문이다. 비유물론적인 책들은 노동자들이 이해할 수 없도록 씌어 있었다. 그런 까닭에, 당시에 막 형성기에 있던 프롤레타리아 계급이 인식을 몹시도 갈망했을 때, 이를 충족시켜 줄 수 있는 것이라고는 거칠기 짝이 없는 유물론밖에 없다는 지극히 비극적인 상황이 생겼다.

노동자들이 마르크스주의를 통해서 '유물론적 역사'로 받아들이는 마르크스주의 경제학에도 부분적으로 진리가 들어 있다는 사실을 우리는 충분히 고려해야 한다. 그리고 바로 그런 부분적인 진리를 노동자들은 쉽게 이해한다. 그러므로 내가 그 부분적인 진리를 모조리 무시하고 관념론적 역사를 가르쳤다면, 사람들은 유물론의 부분적인 진리 속에서 실로 자기도 모르게 내 강의에 거부감을 느꼈을 것이다.

이런 이유로 나는 내 강의를 듣는 사람들도 이해할 수 있는 진리를 강의의 출발점으로 삼았다. 16세기까지는 마르크스 식으로 경제력의 지배를 논하는 것이 말도 안 된다는 사실을 가르쳐주었다. 또 16세기부터 비로소 마르크스주의적으로 이해할 수 있는 경제적 관계가 발생했다는 사실, 그리고 19세기에 이르러 그 관계가 절정에 다다르게 되는 과정도 알려주었다.

이로써 전적으로 사실에 입각하여 앞선 시대의 관념적·정신적 자극들을 논할 수 있었고, 이 자극들이 근래에 들어 물질적·경제적인 자극에 맞서 어떻게 약해지게 되었는지 알려줄 수 있었다.

이렇게 해서 노동자들은 역사를 통해서 인식 능력에 대한 표상과 종교적, 예술적, 윤리적인 자극들에 관한 표상을 얻었고, 이것들을 '이데올로기'로만 치부하던 태도에서 벗어났다. 이 과정에서 유물론을 논박한다고 해도 아무런 의미도 없었을 것이다. 나는 유물론으로부터 관념론을 소생시켜야 했다.

그러나 '연설 실습'에서는 그와 같은 방향으로 할 수 있는 일이 거의 없었다. 강좌는 늘 강연과 연설의 형식적인 원리들을 토론하는 것으로 시작했다. 그러고 나면 '학생들'은 연습 삼아 실제로 연설을 해보았는데, 이때는 당연히 자신의 유물론적 방식에 익숙한 내용을 말했다.

노동자 계급의 '지도자들'은 일단 이 학교에서 일어나는 일에 전혀 관심을 두지 않았다. 그래서 나는 완전히 자유롭게 수업을 진행했다.

하지만 역사 수업에 더하여 자연과학 수업까지 맡게 되면서 일은 더 어려워졌다. 이때 특히 어려웠던 점은, 과학을 지배하던, 그리고 이른바 과학을 대중화하려는 이들을 지배하던 유물론적 표상들을 사실을 근거로 뛰어넘는 일이었다. 나는 최선을 다해 그 일을 했다.

그런데 바로 이 자연과학 덕분에 노동자 계급 안에서 나의 교수 활동이 확장되었다. 수많은 노동조합으로부터 자연과학 강연을 해달라는 요청이 쇄도했다. 특히 당시에 선풍적 인기를 끌던 헤켈의 책 《세계의 수수께끼》에 관해 가르쳐 주기를 바랐다. 나는 이 책의 3분의 1에 해당하는 실증적인 생물학 부분에 생물들의 계통 관계가 정확하고 간결하게 요약돼 있다고 보았다. 나는 일반적으로 인류가 생물학의 그런 측면을 근거로 정신성으로 인도될 수 있다고 확신했으며, 이는 노동자 계급도 마찬가지라고 생각했다. 나는 책의 바로 이 3분의 1을 나의 고찰에 연결해서 말했고, 나머지 3분의 2에 대해서는 무가치한 것으로 보아야 하므로 실제로 책에서 잘라내야 마땅하다고 자주 이야기했다.

구텐베르크 기념행사가 열렸을 때, 나는 베를린 서커스

장에 모인 7천 명의 식자공과 인쇄공 앞에서 축사를 하게 되었다. 노동자들을 대상으로 하는 나의 화법이 공감을 얻은 것이다.

운명은 이런 활동을 통해 나를 다시 깊이 빠져들어야 하는 삶의 한 토막으로 이끌었던 것이다. 이 노동자 집단 안에서 개개인의 영혼이 어떻게 잠들고 꿈꾸는지, 또 일종의 집단 영혼이 어떻게 이 사람들을 사로잡아 이들의 표상, 판단, 태도를 지배하게 되었는지, 나는 생생히 볼 수 있었다.

그렇다고 해서 개개인의 영혼이 시들어 죽었을 거라고 생각해서는 안 된다. 나는 이런 개별적인 영혼이라는 방향에서 내 학생들과 노동자 계급 일반의 영혼을 꿰뚫어볼 수 있었다. 그것이 이 활동을 하는 내내 나 자신에게 부과한 임무를 수행하도록 뒷받침했다. 당시 노동자들이 마르크스주의를 대하는 태도는 그로부터 20년이 지난 시대와 같지 않았다. 당시 노동자들은 마르크스주의를 경제에 관한 복음처럼 여겨 무척 심사숙고하며 자기 것으로 만들었다. 하지만 세월이 흐르자 프롤레타리아는 무엇인가에 홀린 듯한 집단이 되어버렸다.

당시에 프롤레타리아의 의식은 집단 암시와 같은 효과

를 내는 감정이었다. 수많은 개개인의 영혼이 "세계가 다시금 정신적인 것에 관심을 갖게 될 때가 반드시 올 것이지만, 지금은 프롤레타리아가 순전히 경제적으로 해방되는 것이 먼저다."라는 말을 되풀이했다.

나는 내 강의가 그들의 영혼에 여러 좋은 영향을 미쳤음을 알게 되었다. 그들은 유물론과 마르크스주의적 역사관에 모순되는 것도 수용했다. 나중에 '지도자들'이 내가 어떤 식으로 강의를 해 왔는지를 알게 되면서 내 활동에 이의를 제기했다. 나에게 배우는 학생들이 모인 자리에서 '작은 지도자들' 가운데 한 사람이 연설을 했다. 그는, "우리는 프롤레타리아 운동에서 자유를 원하지 않는다. 우리가 원하는 것은 이성적인 강제다." 하고 말했다. 이는 학생들의 의지에 반해서 나를 학교에서 몰아내려는 의도를 지닌 말이었다. 강의 활동이 점점 더 어려워지자, 나는 인지학 일을 시작한 지 얼마 안 되어 곧 학교 일을 그만두었다.

나는 당시의 편견 없는 대다수 사람들 쪽에서 노동자 운동을 관심 있게 지켜보고 프롤레타리아 계급을 이해하는 마음으로 대했더라면 이 운동이 전혀 다른 모습으로 전개되었으리라는 인상을 받았다. 하지만 사람들은 노동자들을 노동자 계급 내부의 생활에 맡겨 놓았고, 자기들은 자신의 계급 내부에서 살아갔다. 한 계급에 속한 사람들은 다른 계급에 속한 사람들에 대하여 이론적인 견해를 가졌을 뿐이었다. 파업 같은 일이 벌어지고서야 어쩔 수 없이 임금 문제가 논의되었다. 또한 온갖 복지 시설들이 설립되었는데, 그것은 각별히 인정할 만한 일이었다.

하지만 이렇듯 세계를 뒤흔드는 문제들을 정신의 영역에 담가 보려는 시도는 전적으로 부족했다. 그렇게 하려는 노력만이 그런 문제들이 지닌 파괴적인 힘을 덜어낼 수 있었을 텐데 말이다. 그 시대에 이른바 '상류 계급'은 유대감을 상실했고, 무자비한 경쟁과 더불어 이기주의가 만연했다. 그 시기에 이미 20세기의 두 번째 십 년 간에 발생할 세계적인 참사가 준비돼 있었다. 이와 더불어 프롤레타리아 계급은 나름의 방식으로 프롤레타리아 계급의식이라는 집단의 유대감을 발전시켰다. 프롤레타리아는 프롤레타리아 계급 의식을 정당화하는 데 필요한 소재를 제공할 때에 한하여 '상류 계급'에서 형성된 '문화'에 참여했다. 시간이 지나면서, 서로 다른 계급 간의 다리가 모두 끊어졌다.

이렇듯 나는 필연적으로 〈문학잡지〉를 통해서는 부르주아적 본질 속으로, 또 노동자 계급 내 활동을 통해서는 프롤레타리아적 본질 속으로 들어가 보았다. 그 시대를 추동하는 힘을 인식하고 실제로 체험해 볼 수 있는 풍요로운 장이었다.

제2부
루돌프 슈타이너와 함께한 날들 1899~1904

요한나 뮈케 Johanna Mücke

슈타이너를 만나기까지 ― 유물론적 역사관은 아니지만 재미있는 강의 ― 슈타이너의 수업 방식 ― 문학 강의가 시작되다 ― 슈타이너의 호의와 헌신 ― 우리가 사는 목적 ― 강연 요청이 이어지다 ― 끝없이 기다리는 교사 ― 수정주의와 원리주의의 충돌 ― 적대자들의 등장 ― 슈타이너의 부재를 핑계 삼다 ― 스스로 퇴장을 결정하다 ― 고상한 생각과 행위가 완전히 일치하는 사람

한밤중에 들판을 지나다가 하늘에서 반짝이며 흐르는 유성을 본 사람은 그 장면을 다른 이들에게 전할 것이다. 이야기 솜씨가 더 좋은 누군가가 그것을 보지 못했다면 말이다.

　내가 부족하나마 루돌프 슈타이너의 인생 한 자락을 회상하며 이야기로 남기려는 것도 마찬가지다. 그의 인생에서 그 부분은 가까이에서 본 사람도 없고, 있었다고 해도 자신이 경험하는 것이 실로 무엇이었는지 깨닫지 못했을 것이다.

　내가 회상하는 시기는 슈타이너 박사가 베를린 노동자학교에서 가르치던 1899년 초부터 1904년까지다.

그의 죽음을 전하는 거의 모든 신문 기사에는 그가 한때 사회주의자였으며 사회주의자로서 노동자학교에서 가르치게 되었다는 구절이 있었다.

이에 관한 객관적인 사실을 전하기 위해서라도, 그 다섯 해의 첫날부터 마지막 날까지 그와 함께한 누군가가 *어떻게 된 일인지*, 아니 *어떻게 된 일이었는지* 터놓고 말해야 한다는 생각이 든다. 이 회상이 객관적인 이야기가 되려면, 노동자학교에 대해서도 짧게 언급해야 할 것이다. 지난 세기의 90년대에 빌헬름 리프크네히트Wilhelm Liebknecht가 설립한 이 학교는 설립자 자신에게 몹시 소중한 곳이었고, 학생도 대부분 사회민주당 당원들이었다. 훗날 이곳은 일종의 *유일한 당원양성기관*이 되어 정당의 연설가와 노조원을 길러내는 곳으로 바뀌었지만, 당시에는 전혀 그런 성격의 학교가 아니었다. 학교의 성격이 이렇게 달라지기 시작한 것은 1908년 무렵부터였다. 슈타이너가 이 학교를 떠난 뒤에 일어난 변화를 슈타이너의 활동기로 끌어내려 사실과 어긋난 내용을 보도한 것은 아마도 당시 언론계에 널리 퍼진 안이하고 피상적인 보도 행태 때문일 것이다.

강의(저녁 9~11시, 노동자들이 정말 긴 시간을 일해야 하는 시대였으니) 과목은 경제, 역사, 법률, 자연, 연설법 등이었다. 많은 사회적 위기와 난관이 지난 뒤, 1898년 제국의회 선거 결과가 보여주듯 19세기 말 노동운동이 확산되면서 새로운 인물들이 학교로 유입되었다. 칼버Calver, 쉬펠Schippel, 쿠노Cunow, 볼프강 하이네Wolfgang Heine, 콘라트 슈미트 박사Dr. Conrad Schmidt, 빌헬름 뵐슈Wilhelm Bölsch를 비롯한 사민당의 주요 인물과 진보세력에 속하는 사람들이 강의를 맡은 것이다. 내가 여러 해 동안 서기로 속해 있던 학교 운영진이 당시 무엇보다 골치를 썩인 것은 *역사* 강의의 적임자를 구하는 일이었다. 10회의 강의로 진행되는 역사 과목은 학생들에게 인기가 많아서 회를 거듭할수록 수강생이 많아졌지만, 막상 강의 자체는 제대로 활기차지 않았다. 그 바람에 강사는 금세 강의에 열성을 보이지 않게 되었다.

결국 1898년 12월에 다음해 첫 사분기를 위한 강의 프로그램을 인쇄하게 되었을 때는 역사 강사가 결원이 되는 안타까운 일이 벌어졌다.

근심에 빠진 두 명의 학교운영위원은 새로이 강사를 물색하느라 동분서주했다. 그러던 중에 하인리히Heinrich와 율리우스 하르트Julius Hart 형제가 강사 물망에 올랐다. 형제는 이미 몇몇 노동자 단체를 이끄는 위치에 있는 사람들이었다. 하지만 두 사람은 바쁘다는 이유로 강사 제안을 사양했고, 그 대신 체자르 플라이슐렌Cäsar Fleischlen이라는 시인을 추천했다. 하지만 이 시인도 시간이 없다면서 위원들에게 말했다. "혹시 모르니 내 친구 루돌프 슈타이너 씨를 한번 만나 보시지요." 두 운영위원은 시인이 추천하는 인물을 만났다. 그리고 어떤 일이 있었는지는 그해 크리스마스에 두 운영위원 가운데 한 사람한테 들었다. "합스부르크 가 11번지에 가니, 젊은 신사분이 친절하게 우릴 맞이합디다. 우리 용건을 듣고는 그 신사분이 말했어요. '네, 그럼 역사 강의를 저의 방식대로 이끌어갈 수 있도록 위원들께서 허락하신다면 제안을 받아들이겠습니다.' 하고 말이에요."

바로 이런 연유로 루돌프 슈타이너가 노동자학교에서 가르치게 것이다.

드디어 다음 해 수업 프로그램이 인쇄되었다. 그리고 우리는 모두 어느 정도 긴장감을 느꼈다. 새로 영입한 역사 강사가 어떤 인물인지, 정치적으로는 어떤 성향인지 전혀 몰랐기 때문이다.

당시 인쇄된 프로그램을 가지고 있지는 않지만, 내가 기억하는 역사 강의의 주제는 "종교개혁에서 프랑스 혁명에 이르는 근대의 정신적 흐름들"이었다. 당시 학교는 훗날의 노조회관처럼 상시로 이용할 수 있는 시설이 아직 없었다. 그래서 우리가 처음으로 루돌프 슈타이너의 강의를 들은 것은 베를린 동남쪽 안넨 가에 있는 어느 식당의 작은 공간에서였다. 이전 수업에 실망한 탓인지, 강의에 온 사람은 채 쉰 명이 안 되었다. 이윽고 마르고 까만 남자가 우리 앞에 나타났다. 그리고 북부 독일 출신인 우리에게는 좀 낯설게 들리는 억양의 힘찬 목소리가 울려 퍼졌다. 우리는 바짝 긴장한 채 귀를 기울였다. 강의가 끝나자 학생들 사이에는 활기찬 토론이 이어졌다. 유난히 활기차고 깨어 있는 인상을 주는 한 학생이 내 쪽으로 다가와서 흡족한 얼굴로 말을 걸었다. "뭐, 유물론적 역사관은 아니었지만 *무척 재미있는 강의였어요.*"

그것이 완전히 명확한 표현은 아니었지만, 당시 많은 이가 슈타이너를 두고 한 것과 비슷한 그의 말은 슈타이너 박사의 인생에 유물론자인 시기가 있었다는 사람들의 이야기가 얼마나 허망한 소설인지를 입증한다.

아마도 이렇게 유물론적이지 않은 내용에 더하여 정신생활의 추구라는 요소야말로 당시 여러 면에서 이상적인 성향이 대단히 강하던 학생들이 금세 그의 강의를 높이 평가하게 만들었을 것이다. 줄어들기만 하던 역사 과목 수강생의 수가 늘기 시작해서 몇 달 뒤에는 거의 200명에 이르렀다는 사실을 보면 그렇다. 슈타이너 박사의 수업 방식도 우리 눈에는 새롭게 보였다. 그는 질문을 던지도록 학생들을 자극하고, 슈타이너 자신의 이야기에 활기차게 끼어들도록 그들을 이끌었다. 그 전에 우리는 입을 다문 채 강사가 하는 말을 들은 다음, 만족스럽다, 불만이다, 하는 느낌만 가지고 집으로 돌아갔으니 말이다. 슈타이너 박사의 수업은 금세 생생한 질문과 토론의 시간이 되었다. 그는 모든 질문에 더할 나위 없이 선선히, 열성적으로 대답했고, 학생들이 제기하는 모든 이의에 친절하게 귀를 기울이고 객관적으로 반박했다. 얼마 지나지 않아 강의는 자정을 넘기는 경우가 흔해졌다. 강의를 듣는 사람들이 그토록 지식에 목말라 매달리게 된 데는 모든 것에 전력을 다해 다가가는 강사의 몫도 없지 않았다.

또한 강의를 통해서 두 세계가 조우하는 것도 드문 광경이었다. 순수한 정신으로부터 모든 것이 흘러나오는 루돌프 슈타이너의 세계, 그리고 평생 산업사회의 메커니즘 밖에 모르고 살아 왔으면서도 정신에서 생겨나 자기도 모르게 그 근원을 그리워하는 인간 영혼을 품고 있는 학생들의 세계가 만나는 것이었다.

1899년의 두 번째 사분기가 되자 학생들은 슈타이너 박사에게 현대문학 강의를 부탁했다. 마침 그때는 자연주의 등이 격렬한 논쟁의 대상이 된 시기이기도 했다. 심지어 사민당 당대회에서도 다양한 주제로 문학 토론이 이루어지던 90년대였다. 그래서 슈타이너 박사는 그해 4월에 지난 반 세기의 독일 문학을 강의하기 시작했다. 강의에서는 헤벨Hebbel, 빌헬름 요르단Wilhelm Jordan, 오토 루트비히Otto Ludwig로 시작해서 하르트 형제, 릴리엔크론Lilienkron, 데멜Dehmel, 매케이Mackay, 호프만스탈Hoffmannsthal 등 당대의 작가에 이르는 독일 문학가들이 우리 앞을 지나갔다. 슈타이너 박사는 여러 작품을 읽어주었다. 빌헬름 요르단의 작품, J. H. 매케이의 《무정부주의자들》, 율리우스 하르트의 《베를린행 기차》 등에서 뽑은 구절들, 하멀링Hamerling의 《아하스베루스》, M. E. 델레 그라치에delle Gracie의 《당통과 로베스피에르》 등에 나오는 좀 더 긴 구절들을 인용하는 슈타이너 박사의 목소리는 내 기억 안에서 아직도 영롱하게 울린다.

그렇게 근대시들을 인용하는 중간에도 그는 되풀이해서

괴테로 되돌아갔다. 그런 연유로, 1899년 8월 28일 베를린 티어가르텐Tiergarten 공원의 괴테 기념비에는 괴테 탄생 150주년을 맞아 괴테협회가 헌정한 화환 곁에 노동자학교가 바친 화환이 덩그러니 놓이게 되었다. 그리고 화환의 리본에는 슈타이너 박사가 제안한 글귀가 적혀 있었다.

"이토록 왁자지껄한 광경을 보기를 원하오.
탁 트인 곳에서 활짝 열린 사람들과 함께."

같은 날 저녁 그는 동부 베를린에서 수백명의 청중 앞에서 괴테를 주제로 강연을 했는데, 특별히 괴테 사상의 자연과학적 의미를 강조하는 강연이었다. 그 자리에서 슈타이너 박사는 잡지에 실었던 《괴테의 신비한 계시》("초록 뱀과 아름다운 백합")라는 자신의 글을 나에게 선물했다.

여기서 그의 글을 언급하는 것은, 슈타이너 박사가 자서전 《내 인생의 발자취》에서 그 글을 언급했기 때문이다. 그는 자기 안에 살아 있는 비밀스러운 것을 당시로서 가능한 정도까지 바깥을 향해 드러내려는 의지에 떠밀려 그 글을 썼다고 털어놓았던 것이다. 노동자학교를 위해 일하던 때 그가 유물론자였다고, 아니면 적어도 학생들과 독자들에게는 그렇게 비쳐졌다고 신문들은 떠들었다. 하지만 자서전에서 그가 특별하게 묘사하며 언급한 그 글을 유물론을 내세워야 한다고 믿는 나같은 당원에게 주었다는 사실만으로도, 그가 얼마나 독창적인 견해를 표명했고 또 그 어떤 유물론적인 성향과도 얼마나 동떨어진 인물이었는지 증명한다.

하지만 그는 기술이 지배하는 우리 시대의 경제적 상황이 노동자 계급의 구성원들에게 얼마나 강력한 영향을 끼치는지 당연히 잘 알고 있었다. 그래서 그는 "19세기의 산업주의"라는 제목으로 일련의 강의를 하기도 했다. 그 강의에서 그는 이 시대에 인간의 삶 전체가 물질적 발달에 얽매이는 정도가 이전의 시대들에 비해서 너무나 강하다는 사실을 누구나 알도록 설명했다.

시간이 지나면서 슈타이너 박사는 점점 더 많은 강의를 떠맡았다. 당시 그에게서 우리를 향해 밀려드는 엄청난 양의 지식을 어렴풋이나마 이해하기란 당연히 불가능했다. 강의 내용을 다 받아 적을 수도 없었다. 그래서 1904년 마지막 사분기의 강의인 "중세에서 위대한 발명과 발견의 시대인 근대에 이르는 역사"의 필기본만 남게 되었다.

그 끝없이 풍요로운 보물의 일부를 옮겨 보면 이렇다. 먼저 오리엔트와 인도, 페르시아, 아랍 민족의 문화에 대한 해설이 있었다. 슈타이너 박사는 그 시대의 문학을 매혹적인 방법으로 소개했다. 그리고 많은 학생의 요청에 따라 고대 그리스에서 현대에 이르는 철학의 역사를 강의했는데, 훗날 《철학의 수수께끼》에서 서술될 많은 내용의 맹아가 번득이는 강의였다. 그리고 화학을 비롯해서 수많은 강의가 그에 의해 이루어졌다.

그것은 마치 메마르고 학생들을 피곤하게 만들던 강의에 생명을 불러일으키는 따뜻한 온기가 흘러 드는 것 같았다. 그 덕분에 그의 강의를 듣는 학생 수는 금세 눈에 띄게 늘었고, 강사의 말을 듣기만 하던 시간은 활기찬 질문과 토론으로 채워졌다.

슈타이너 박사는 말로 다 할 수 없는 호의와 헌신적인 노력으로 모든 학생들에게 관심을 기울였다. 그는 학생들의 공부를 세세히 들여다보았다. "연설 연습"에서는 학생들이 써 온 원고까지 교정해서 돌려줄 정도였다. 한 사람 한 사람이 제출하는 것에 대해서 무엇이 고칠 점이고 무엇이 잘한 점인지 일일이 설명해주었다. 학생 가운데 누구라도 뭔가를 제대로 해내면 그는 기쁨을 감추지 못했다.

학생들은 그가 있는 자리에서라면 자기 능력을 뛰어넘는 것처럼 보였다. 실제로 적지 않은 학생들이 그 전에는 생각할 수 없던 능력과 결과에 도달했다.

내가 생생하게 기억하는 것 가운데 하나가 연설 연습 시간에 일어난 일이다. 평소에는 표현이 서툴고 말을 더듬다시피 하는 어느 노동자가 뤼네부르거 하이데Lüneburger Heide(역주: 베를린 동북부의 황무지)의 산책과 그곳에서 날이 저무는 풍경을 얼마나 따뜻하고 인상적으로 묘사했던지, 우리는 모두 깊이 감동했다. 그의 이야기에 역시 감동한 슈타이너 박사는 어느 시의 구절들을 읊어 그 감동의 여운을 살렸다.

슈타이너 박사는 학생들에 관한 일이라면 무엇이든 지극히 따뜻한 관심을 보였으며, 학생들의 고충과 희망에 늘 함께했다. 내 마음 속에 여전히 생생하게 남아 있는 또 하나의 장면은 학교 소풍(여기에도 슈타이너 박사는 함께였다)에서 우연히 듣게 된 토론이다. 몇몇 젊은이가 그의 곁에서 걸으며 제각기 살아가는 이야기를 했다. 그 가운데 어느 학생이 좀 흥분한 목소리로 말했다. "왜 인생은 행복하지가 않은 겁니까? 모든 사람이 그토록 행복하기를 바라는데 말입니다." 슈타이너 박사가 말을 받았다. "그렇기는 한데요, 사실은 우리가 행복해지려고 사는 게 아닐 수도 있어요!" 그 말에 학생은 의외라는 듯 다시 물었다. "아, 네, 그렇다면 우리가 사는 목적은 뭘까요?" "자, 한번 이렇게 생각해 보세요. 우리는 *어떤 과제를 해내기 위해 사는 것이 아닐까*, 하고 말입니다."

슈타이너 박사의 대답은 온화하기 그지없었지만, 그 말투가 너무도 확고한 인상을 주는 바람에 우리는 잠시 침묵 속에 발길을 이어갔다. 당시에는 온전히 이해하지 못한 그의 말은 내 기억 속에 단단히 새겨졌다.

그때에도 이미 그의 말에는 사람의 마음을 빼앗는 힘이 있어서 마음에서 쉽사리 지워지지 않았다.

언젠가 슈타이너 박사는 자연의 이해를 주제로 이야기하는 가운데, 광물의 세계에도 거대한 리듬이 들어있고 이 세상의 모든 물질이 놀라운 조화를 이루고 있다고 설명했다. 그러자 평소에는 약간의 생명도, 영혼도 없게 느껴지던 것들이 갑자기 생명과 영혼으로 가득한 것이 되어 우리에게 다가왔다. 한 학생이 그런 느낌의 변화를 그에게 전했다. "실러가 선생님의 이야기를 들었다면 얼마나 기뻐했을까요! 자신이 살았던 시대에 사람들이 가졌던 생명 없는 세계상 때문에 그토록 괴로워한 그였으니 말입니다." 연설 연습 첫 시간을 마무리하면서 던진 슈타이너의 말에서 우리는 그의 정신을 조금은 들여다본다는 생각이 들었다. "생각은 우리가 가진 무한한 영역이며, 말은 나의 날개 달린 도구입니다." 그가 인용한 실러의 이 구절은 그 순간 그를 위해 만들어진 말인 듯했다.

그의 말에 실린 힘으로 인해 문장 하나하나가 영혼에 새겨져 지워지지 않았다. 그가 마르크스주의를 이야기할 때와는 확연히 다르게 영혼을 실어 페르디난트 라살 Ferdinand Lassalle의 활동을 서술하자, 라살이 자신을 과대평가했는지, 아니면 과소평가했는지 한 학생이 물었다. 그러자 루돌프 슈타이너가 칼로 자르듯 단호하게 대답했다. "*그는 스스로를 과대평가하지도, 과소평가하지도 않았습니다. 그는 그저 한 남자, 한 천재로서 할 일을 한 것 뿐이지요. 그는 자기 자신을 믿었습니다.*" 이 말, 그리고 이 말을 하는 슈타이너의 목소리는 한 번도 나의 뇌리를 떠난 적이 없다. 하지만 그의 말을 기억할 때 라살이라는 인물을 떠올린 적은 없다.

질문을 받을 때마다, 특히 그 질문이 사람의 인격에 관한 것이면, 슈타이너 박사는 적극적으로 토론에 임하는 경우가 많았다. 종업원 또는 요식업 등 몇몇 업종의 노동자를 부를 때, 게을러서, 아니면 아무런 생각이 없어서 진짜 이름이 아닌 틀에 박힌 호칭을 사용하고, 또 그 바람에 같은 일을 하는 사람들이 모두 그렇게 불리게 되는 것을 비판하는 이야기가 나왔다. 그러자 슈타이너 박사는 그 비판에 전적으로 공감을 표현하면서, 이름이란 어느 사람의 인격을 이루는 한 부분이므로 그런 식으로 사람에게 엉뚱한 이름을 붙이는 것은 대단히 무례하고 비인간적이라고 말했다. 훗날 그로부터 이름을 정하는 일을 부탁받을 때면, 나는 늘 이 일이 생각났다.

노동자학교 학생들의 열광은 슈타이너 박사가 곧 많은 단체와 노동조합으로부터 강연 요청을 받는 것으로 이어졌다. 그리고 반응은 어디서나 뜨거웠다. 그가 학교에서 활동한 첫 시기에는 그 어떤 곤란한 일도 없었다. 우리 위원장에게서 들은 이야기가 있다. 당원이 아닌 사람이 학교에 있는 것이 문제가 되지 않느냐고 누군가가 학교 설립자에게 물었다. 그러자 연로한 리프크네히트가 대답했다. "학교에 훌륭한 선생님이 있으면 모두가 기뻐해야 할 일이지요. 그런 선생님이면 정치적 성향은 누구에게도 상관이 없습니다."

오늘날 수많은 사람들, 글로 쓴 것이나 인쇄된 것 또는 어떤 형태로든 문서화된 것만이 의미가 있는 사람들에게 이야기해주고 싶은 것이 있다. 슈타이너 박사는 시간이 허락하는 한 규칙적으로 강사진 대표 자격으로 학교운영위원회 회의에 참석했다. 회의는 언제나 간단히 기록해서 회의록으로 남겼는데, 회의록 말미에는 참석자 이름을 적었다. 다섯 해 동안 나는 수많은 회의록을 썼다. 그리고 매번 그 끝에 이렇게 적었다. "참석자는 람메 동지, 쾨니히스 동지 … 그리고 슈타이너 박사였다." 노조회관 같은 곳에서 옛 회의록을 찾아낸다면, 우리가 슈타이너 박사를 당에 소속된 인물로 여긴 적이 없다는 사실이 문서로 입증될 것이다. 물론 내가 그의 이름에 '동지'라는 말을 붙일 수 있다면 기뻤겠지만 말이다.

그럼에도 그는 여러 노동자 행사에서 발언했고, 아쉽게도 나는 그 자리에 없었던 5월 1일 노동절에도 연단에 섰다. 어쨌든 나중에 그가 내세운 사회삼원론이나 경제생활에서 형제애의 발휘 등을 이해하기를 원하는 사람은, 그가 당시에도 이미 훗날의 주장과 같은 정신을 바탕으로 너무 길고도 기계적인 노동의 단축을 주장할 수 밖에 없었음을 인정해야 할 것이다. 그는 종종 나에게 *자신은 그 어떤 정당에도 몸 담을 수 없을 것*이라고 힘주어 말했다. 하지만 당시 그에게 배우는 학생들은 그가 독일 국적이 아닌 것을 안타까워했다. 독일 국적이었다면 기꺼이 제국의 회로 보냈을 것이기 때문이다. 사람들은 의회에 슈타이너와 같은 훌륭한 연설가가 있어야 한다고 말하곤 했다. 한동안 우리는 그가 자유민중극장의 이사장을 맡기를 기대했다. 그렇게 되었다면 수천 명의 회원을 가진 극장협회에게는 엄청난 이득이었겠지만, 그 일은 성사되지 않았다. 슈타이너 박사도 상당한 관심을 보였지만, 아무래도 그 극장이 당대의 지배적인 세계관과 너무 긴밀히 연결되어 있기 때문에 받아들이지 않았을 것이다. 박사는 여러 노동자 신문에도 글을 썼는데, 순수히 문학적인 주제의 글이었다. 내가 기억하는 것만 꼽아 보아도, 니체, 마리 폰 에프너 에셴바흐Marie von Ebner-Eschenbach, 페르디난트 프라일리히라트 Ferdinand Freiligrath 등이 주제였다. 나는 마지막 문인을 주제로 한 그의 글을 아직도 가지고 있다.

슈타이너 박사는 정치와 노조에서 하는 학생들의 활동에 필요한 자질을 일깨우고 높이는 데 실제적인 도움을 주기 위해서도 애썼다. 연설 연습 시간에는 종종 본인이 직접 나서서 새로운 관점들을 토론에 던져서 학생들의 관심을 높였다. 한 번은 가상의 선거연설회를 열어 다양한 정당의 견해를 이야기하도록 유도했다. 오스트리아 출신으로 키가 작고 영리한 학생이 독일중심당(역주: 바이마르 시대의 가톨릭계 정당) 후보로 정해졌는데, 이 학생은 자신의 역할을 훌륭하게 해냈다. 다른 학생은 보수당 후보로, 또 다른 학생들은 민중자유당이나 다른 정당의 후보가 되었다.

슈타이너 박사는 이들 가운데 그 사고와 표현 방식이 정확한 어느 학생이 특히 마음에 들었다. 그런데 그는 말을 좀 더듬는 학생이었다. 한번은 슈타이너가 그 학생에게 이렇게 말했다. "아십니까, 친애하는 크레플린 씨, 오늘 당신 덕분에 나의 철학적 심장이 몹시 즐거웠답니다." 이 젊은이와 연관된 에피소드는 슈타이너 박사의 호의가 우리에게 끼친 그 큰 에너지를 영원히 기억하도록 했다. 크레플린이라는 이 몸집 작고 말을 더듬는 학생은 토론을 할 때 상당히 공격적인 편이었다. 그런 그가 어느 토론에서 기골이 장대한 학생 하나를 아주 심하게 몰아붙였다. 그러자 이 덩치만 컸지 정신적으로는 크레플린보다 떨어지는 상대방은 결국 그런 상황에서 자주 일어나는 일처럼 평상심을 잃고는 크레플린의 언어장애를 비아냥대고 말았다. 그런데 그의 비아냥이 시작되자마자 슈타이너 박사가 개입했다. "그 무슨 무례한 태도입니까? 토론 상대의 신체적 약점을 입에 올리다니 말이오." 화가 나서 씩씩거리던 그 학생이 뭐라고 변명하려 하자, 슈타이너 박사는 우리 모두가 깜짝 놀랄 정도로 언성을 높여 소리쳤다. "닥치시오!" 그 무례한 학생이 무슨 말이나 행동을 할지 불안해서 교실에는 잠시 침묵이 흘렀다.

하지만 그 덩치 큰 학생은 잔뜩 겁 먹은 어린 학생처럼 아무 말도 못하고 잠깐 서 있다가 곧 입을 다문 채 자리에 앉았다. 자리에 앉은 뒤로도 그는 한 마디도 하지 않았다. 내가 보기에 그는 마음 속으로 볼멘소리를 하는 게 분명했다. 그 뒤로도 비슷한 일이 몇 번 있었는데, 슈타이너 박사의 그 온화한 성품이 결코 그의 유약함이 아니라 극강의 힘임을 보여주는 경우들이었다. 그런 모습을 볼 때마다 나는 노르웨이 서사의 영웅 프리툐프Frithjof의 말이 떠올랐다.

"사람을 쓸 때는, 헬게 장군이여, 확실히 하되 결코 가혹히 하지는 말기를.
가장 잘 베는 칼은 언제나 가장 잘 휘는 칼이니."

이런 일이 아니라면, 학생들이 아무리 뒤죽박죽으로 이

야기를 해도 슈타이너 박사는 끝도 없이 기다려주었다. 우리 모두 안달을 하면 어느 순간에는 그럴싸한 견해를 찾아내어 제대로 깊이 있게 살펴보게 된다는 것을 그는 잘 알고 있었다. 그렇게 되면 우리 모두, 그 중에서도 발언을 하는 사람은 자신에게서 신통한 견해가 나왔다는 사실에 깜짝 놀라고 했다. 어쩔 수 없이 질책해야 하는 경우에도 슈타이너 박사의 말투는 더할 나위 없이 부드러웠다. 예를 들면 이랬다. 연설 연습 시간에는 가끔 시를 읊는 경우가 있었다. 어느 날 한 동지가 헝가리 출신의 시인 니콜라우스 레나우Nikolaus Lenau의 "3인의 집시"라는 시를 읽었는데, 제대로 된 낭송은 아니었다. 낭송이 끝나자 박사가 그에게 아주 다정하게 물었다. "학생은 헝가리 출신이지요?" "아닙니다. 전 독일 베스트팔렌에서 왔습니다." "아, 베스트팔렌 출신이군요. 이 시는 말입니다, 좀 달라요. 이건 헝가리 출신이거나 그곳의 독특한 정서를 아주 잘 아는 사람이라야 제대로 낭송할 수 있답니다." 그러더니 슈타이너 박사가 같은 시를 낭송했다. 그러자 우리는 들판에 부는 강하고 약한 바람을 느끼는 기분이 들었다.

슈타이너 박사는 짧지 않은 세월 동안 시종일관 그런 식으로 자기 밭에 씨를 뿌리는 사람처럼 자신의 재능을 학생들에게 선물했다. 겉으로 보기에는 그 씨앗 가운데 싹이 튼 것은 별로 많지 않은 듯했다.

그렇지만 박사의 자서전 《내 인생의 발자취》에서 다음과 같은 구절을 읽었을 때 나는 쓸쓸함과 더불어 큰 기쁨을 느꼈다.

> "나는 당시의 편견 없는 대다수 사람들 쪽에서 노동자 운동을 관심 있게 지켜보고 프롤레타리아 계급을 이해하는 마음으로 대했더라면 이 운동이 전혀 다른 모습으로 전개되었으리라는 인상을 받았다."

나 자신, 너무도 자주 같은 느낌을 받았다. 하지만 이미 노동자 운동에 대한 불쾌함과 불신이 너무 커져서, 엄청난 빛이었던 그도 암흑을 밝힐 수는 없었다. 내가 아는 한, 당시 독일 지식인들 가운데 슈타이너 박사에 견줄 만큼 노동자 계층을 위한 강의와 활동에 기꺼이 참여하고 또 그 반향으로 노동자들로부터 존경과 박수를 받은 사람은 오로지 베를린 천문대의 빌헬름 푀르스터Wilhelm Förster 교수밖에 없었다.

슈타이너 박사에게서 배우는 모든 학생은 자신들에게는

새롭고 낯선, 속속들이 정신적인 내용으로 가득한 박사의 강의를 마음을 열고 기쁘게 받아들였다. 그가 《내 인생의 발자취》에서 문학과 예술 분야에 있는 청중 이야기를 할 때 서술한 것처럼, 그에게 가장 먼저 자극을 준 것은 일이나 사건이 아니라 이름이었다.

바로 그 말에 대해서 나는 가장 직접적인 경험을 한 사람으로서 이야기할 수 있을 것이다. 자서전에서도 언급된 조르다노 브루노 협회에서 강연을 하고 난 뒤의 일이었다. 노동자학교 학생이자 열렬한 당원인 상인 한 사람이 나와 함께 슈타이너 박사의 강연을 듣고 나오는 길에 잠시 같은 방향으로 걷게 되었다. 된호프 광장의 라이프치히 가 교차로에서 우리는 우리 조직에서 열심히 활동하는 아주 친한 동지 한 사람을 만났다. 나와 함께 가던 상인은 그를 보더니 급하게 길을 건너 가서 큰 소리로 말했다. "이봐, 슈타이너 박사가 신학자가 되고 말았다네!" 그 말에 그 동지는 즉시 우리와 합류했는데, 지인의 갑작스러운 말에 몹시 당황한 모양이었다(그도 그럴 것이, 사람들은 신학이 뭘 뜻하는지 몰라서 그저 일종의 "심령술" 정도로 생각했다). 늦은 시간이었지만 우리는 한참동안 길을 걸었고, 나는 모자라는 지식으로 신학과 심령술의 차이를 설명하려 들었다.

그런데 언젠가부터 상황이 조금씩 달라지기 시작했다. 당 내부의 사정에 변화가 생긴 것이다. 이른바 수정주의와 원리주의 사이에서 의미심장한 노선 논쟁이 벌어진 것이다. 특히 1903년 총선에서 우리 자신들도 예상하지 못했던 큰 성공을 거두면서, 당원들은 대담한 희망을 갖게 되었다. 하지만 그런 희망이 권력 관계라는 현실 앞에서 빠르게 퇴색하면서 대단히 공격적인 분위기가 팽배해졌다. 당원들은 아무데나 배신의 딱지를 붙여, 어느 쪽이든 철저하게 노선을 따르지 않는 당원들을 공격하기 시작했다. 드레스덴에서 열린 당대회에서 두 노선의 추종자들은 극단적으로 대립했다. 그리고 그 과정에서 우리는 자유를 위해 싸운다는 운동이 가장 중요한 양심의 자유를 존중하지 않고 자신들의 신조를 주장하는 데만 매달리는 슬픈 광경을 목격했다. 그런 시대와 상황에서는 자신은 현실적인 어떤 것도 내놓지 못하면서 오로지 자신의 신념만 내세워 자유인들에게 의혹의 눈길을 던지는 야심가들만 설치게 마련이다. 국가를 지켜야 한다는 이들, 교회에 매달리는 이들, 혁명을 맹신하는 이들, 이 모든 이가 보이는 양상은 아주 세세한 부분까지 똑같다.

이런 상황에서 결국 사람들은 슈타이너 박사에게 의심의 눈초리를 던지기 시작했는데, 그들이 바로 그런 "소영웅" 부류였다. 무엇보다 그가 학생들에게서 받는 사랑과 존경이 그를 의심스럽고 위험한 인물로 만들었다. 독단적인 유물론적 세계관이 아니라 정신으로 가득한 세계관을 받아들이라고 했으니, 야심과 열정을 겸비한 이들이 어떻게 그걸 받아들일 수 있었을까? 그런 상황에서 슈타이너 박사는 흔들림 없이 자신만의 길을 갔다. 나아가 그는 세상을 기계장치로 여기는 사람들에게 속속들이 정신이 스며들어 있는 세계의 모습을 들이밀었다.

  그는 우리에게 옛 아틀란티스 등을 이야기를 하면서, 불과 금속의 사용, 곡물 경작 등 인류 문명의 바탕이 우연히 가능하게 된 것이 아니라 인간을 이끌고 지도한 이들, 고차원적으로 발달한 이들의 선물이었다는 이야기를 했다. 지난 여러 세기를 돌이켜 보아도 그렇다면서, 역사적인 사건들에 가장 큰 영향을 미친 것은 결코 단순히 경제적인 상황이 아니라 꿈이나 그와 비슷한 것에 의해서, 그리고 겉으로 보기에는 여행 중에 우연히 마주친 사람들에 의해서 프랑스 혁명 시대에 이르도록 역사적으로 중요한 갖가지 사건이 일어났음을 설명했다.

하지만 슈타이너 박사의 적대자들이 그와 학생들 사이의 관계를 깨뜨리기는 그렇게 쉽지 않았다. 사람들이 그에 관한 이야기를 하는 중에 그의 훌륭한 인품에 대한 존경의 염이 시도 때도 없이 튀어나왔기 때문이다. 말하자면 이런 식이었다. 한번은 내가 운영위원 한 사람과 이야기를 나누는데, 슈타이너 박사의 어떤 강의 때문인지 기억이 나지 않지만 그가 좀 갑작스레 말했다. "그런데 말이에요, 슈타이너 박사가 그리스도교 박해 시대에 태어나지 않아 다행이라는 생각이 들어요. 만일 그랬다면 틀림없이 원형 경기장에서 맹수 밥이 되고 말았을 테니까요." 이것은 이 운영위원의 평소 속내와는 상당히 다른 기분에서 한 말이어서 나는 한층 깊은 인상을 받았다.

그를 몰아내려는 시도에 유리한 정황도 있었다. 그런 시도의 선봉에 선 문인이 있었는데, 슈타이너 박사를 몰아내는 일로 노동자들 사이에서 영향력을 키우려 했지만 그 부족한 인품 탓에 제대로 목적을 달성하지 못한 사람이었다. 어쨌든, 1903년부터 슈타이너 박사는 신지학협회 활동으로 자주 자리를 비워야 하는 바람에 때때로 강의를 연기해야 했다. 사람들은 이런 상황을 정말 교묘하게 이용해서 슈타이너 박사가 이 학교에 더 이상 큰 흥미가 없게 되었다는 여론을 만들어냈다. 이런 모든 음모는 암암리에 이루어졌기 때문에, 박사가 그 문제를 두고 입을 열자마자 모든 강의와 집회는 이전처럼 진행되었다. 슈타이너 박사는 이미 앞으로 닥칠 일을 알고 있었는지 나에게 이런 편지를 쓴 적이 있다. "유물론을 반죽하면 빵이 나온다는 견해를 가진 사람들을 말릴 수는 없을 겁니다." 자신이 펴내기 시작한 잡지 〈루시퍼〉의 첫 세 권을 학교 도서관에 보냈는데, "사람들이 자신의 생각을 똑바로 알도록" 하기 위한 것이었다. 하여튼 그를 몰아내려는 음험한 책동은 여전히 별다른 성과를 내지 못했다. 이미 1903년에 박사는 전체 운영회의에서 공개발언을 통해 물러날 뜻을 밝히겠다고 말했다. 하지만 그때는 아직 상황이 그 정도까지는 아니었다. 1904년 10월, 그 "소영웅들"의 요구로 회의가 열리게 되었다. 그들은 회의에서 슈타이너 박사의 사상에 빠진 학생들을 다시 유물론 세계로 건져내겠다고 생각한 모양이었다. 이 회의에서 한 슈타이너 박사의 발언은 늘 그렇듯 사람들의 마음을 움직였고, 그 결과로 그룬발트라는 사람의 제안에는 참석자 가운데 12명만 찬성한 반면, 348명이 슈타이너 박사에 대한 지지를 표명했다. 박사의 적대자들은 분개했지만 자신들의 의지를 굽히지 않았다. 그들은 공개적인 행동 대신 막후에서 책동을 계속하면서 당과 노조 지도부를 움직였다. 시기적으로 이와 맞물려, 슈타이너 박사는 점점 다른 활동이 많아지면서 베를린을 떠나는 일이 잦아졌다.

이런 상황은 핑계가 되기에 충분했다. 1904년 12월에 운영위원회가 열렸고, 슈타이너 박사는 예의 그 불가피한 여행으로 인해 참석하지 못했다. 이 회의에서 운영위원 가운데 과반수는 박사의 잦은 부재라는 외면적인 이유를 들어 더 이상 학교에 관심이 없어 보이는 박사에게는 다음 분기만 강의를 맡기고 그 뒤에는 다른 인물을 영입한다는 안에 찬성했다.

결과보다는 그 구차한 핑계가 나는 더 참기 힘들었다. 그래서 여러 해 함께 일한 동료들에게 말할 수밖에 없었다. 진정으로 세계관이 다르다는 이유만으로 어떤 사람과 함께할 수 없다면, 이렇게 내심으로는 자신들도 믿지 못하는 핑계를 대며 뒤에 숨을 게 아니라 적어도 그 사람에게 솔직히 이야기해야 할 것 아니냐고, 그렇게 할 인간다운 용기도 없는 당신들이 동료라는 사실이 나는 부끄럽기 짝이 없다고 말했다.

물론 그들이 나의 분노에 어떤 반응을 보일지는 뻔했다.

나의 건방진 태도에 그들은 불같이 화를 냈다. 그 가운데 몇 사람은 나에게 격한 항의의 말을 던졌고, 나머지는 입조차 열지 않았다. 그것으로 그 안건은 마무리되고 말았다.

나는 다름 아닌 박사의 힘을 최대한 이용해서 박사를 내쫓으려는 사람들의 시도를 막아야 한다는 생각이 들었다. 슈타이너 박사가 여행에서 돌아오자, 다른 이가 아닌 내가 운영위원회 소식을 그에게 전해야 마땅하다고 여겼다. 그는 이미 오래 전부터 일이 이렇게 끝날 것임을 알았고, 그래서 아예 다음 분기부터 강의를 하지 않기로 결심했다. 하지만 박사는 나의 전갈을 듣고서야 그런 결정을 내린 것으로 알아달라고 나에게 말했다. 그건 지당한 말이었다. 나도 어차피 내가 나서서 박사의 결정을 운영위원회에 알릴 생각이었다. 1905년 1월 초 노동자학교 창립기념일이 되자, 박사는 여러 행사에서 그랬듯 축하 강연을 맡았다. 수백명의 사람들이 강연에 참석했다. 행사가 시작되기 전에 나는 운영위원장에게 지난 운영위원회의 일을 슈타이너 박사에게 전했음을 알렸다. 나의 말을 듣자 운영위원장은 몹시 당황한 얼굴이었다.

슈타이너 박사는 학생들 앞에서 변함없이 감동적이고

애정 넘치는 강연을 했다. 그런 다음 운영위원장에게 더 이상 학교 강의를 맡지 않기로 했다고 차분히 이야기했다. 이를 두고 훗날 사람들은 그가 학교를 내팽개쳤다고 비난하는 구실로 삼았다.

외면적으로는 이것으로 다섯 해에 걸친 슈타이너 박사의 비할 바 없이 헌신적인 교사 생활이 막을 내렸다고 할 것이다.

그 뒤로 나는 나 자신에게 이렇게 묻곤 했다. ´그가 노동자학교에 뿌린 그렇게나 많은 씨앗은 모두 자갈밭과 가시덤불에 떨어지고 만 것일까?´ 오랜 세월이 흐르고 언젠가 박사의 이야기를 들었을 때, 나는 비로소 그 난감한 질문에 대한 답을 얻었다고 느꼈다. 박사는 처음으로 인지학에 관한 이야기를 들으면 거부감을 느끼거나 심지어 욕을 하는 사람이 드물지 않다고 말했다. 하지만 그 이야기의 일부는 그런 사람의 잠재의식 안에 들어가 있다가 그가 죽어서 정신세계에 들어갈 때 다시 깨어난다고 했다.

한번은 내가 슈타이너 박사에게, "그렇다면 말입니다, 지금 인지학을 지향하는 모든 사람들이 하는 진지하고 헌신적인 노력이 헛되다는 말씀입니까?" 하고 좀 직설적으로 물었다. 그러자 그가 내 물음에 답했다. "당신이 아주 정확하게 구분해야 할 게 있어요. 사회적인, 그러니까 외적인 환경을 위해서는 그런 노력은 거의 쓸모가 없습니다. 그런 것은 완전히 다른 법칙에 따라 움직이니까요. 하지만 각 사람의 영혼이 발전하는 데는, 진정한 노력이 언제나 그렇듯, 그들의 노력이 엄청난 의미가 있습니다."

*

또 한 가지 언급하고 싶은 것은, 여러 해가 지난 뒤에 내가 슈타이너 박사의 강연에 참석했다가 그에게 강의를 들은 옛 학생들을 만나는 일이 종종 있었다는 사실이다. 박사도 강연을 위해 찾아가는 여러 도시에서 옛 학생들을 만나게 된다는 이야기를 했다. 나중에 사회삼원론 운동이 대중 속으로 파고들기 시작하던 시기에 내가 직접 체험한 것도 그랬다. 행사를 진행하다 보면, 청중 가운데서 원숙한 분위기를 풍기는 사람 몇몇이 일어나서 대강 이런 뜻의 발언을 하는 것이었다. "오늘 당신이 전하려는 것이 슈타이너 박사의 가르침이라니 틀림없이 좋은 내용일 거라고 생각합니다. 제가 그분 제자라서 잘 압니다만, 그분은 우리한테 오로지 옳은 것만 가르치셨거든요." 아쉽게도 당시에는 그런 사람들의 목소리가 너무 작고 그 수도 많지 않았다.

사람들은 그의 메시지를 진심으로 귀담아듣지 않았고, 독일을 뒤덮기 시작한 그림자는 점점 더 짙어졌다.

여기 쓴 것은 모두 내가 직접 체험한 일이다. 그리고 슈타이너 박사를 둘러싼 다른 일에도 체험담을 내놓을 사람들이 많이 있다.

몇 마디만 덧붙이고자 한다. 여러 해에 걸쳐 나는 슈타이너 박사를 도와 함께 일하는 행운을 누렸다. 그가 얼마나 큰 인물이었는지 더 잘 전달할 사람은 많겠지만, 그가 얼마나 선한 인간이었는지는 일상의 아주 작은 일에 이르기까지 그가 보인 그 숨길 수 없는 선함을 직접 경험한 사람들만이 잘 안다. 뭔가 할 일을 주거나 지시할 때도 그는 언제나 다정하게 부탁했으며, 사람들이 해주는 일이 아무리 사소하더라도 언제나 진심으로 감사를 표했다. 그에게서 직접 할 일을 받는 사람들이 진심으로 기쁜 마음을 갖게 되는 것은 그의 말주변이 아니라 그의 온전한 진심 때문이었다. 박사 주변에는 늘 할 일이 많아서, 강단이 없는 사람들은 좀 힘들어했다. 하지만 피곤해진 사람들도 박사가 기꺼이 떠맡는 일의 양을 보고는 늘 부끄러운 마음이 들었다. 사방이 조용해진 것을 깨닫고는 이제 밤이 꽤 깊었다고 생각했을 때에도, 나는 그의 거처에서 새어 나오는 바쁜 발걸음 소리를 너무나 자주 들었다. 야심한 시간에도 그는 여전히 쉴 수 없었던 것이다. 경쾌했던 그의 발걸음이 생애의 마지막 시기에 과도한 일과 병환으로 매우 느려진 것을 느낄 때마다 나는 얼마나 마음이 아팠는지 모른다. 아무리 바빠도 그는 자기를 도와 일을 하는 한 사람 한 사람에게 다정한 말과 농담을 건네기를 잊지 않았다. 생각과 행위가 고양되어 서로 완전히 일치하는 두 인물을 위해 일한 것은 내 인생에서 가장 큰 행운이었다.

자기 주변의 모든 사람을 향한 그의 선함은 햇빛처럼 우리 모두의 삶을 밝혀주었다. 그가 우리에게 설파한 것은 "대가 없이 주는 덕"으로 존재하는 본질적인 것들이었다. 그리고 그는 우리를 깨닫게 하는 데 그치지 않고 우리에게 그런 존재가 무엇인지 보여준 사람이었다.

이승에서 그를 마지막으로 보게 되었을 때, 그는 나를 병실로 불러 무엇인가를 선물했다. 그런 식으로 그는 평생을 살았다. 그 자리에서 나는 몇 마디 서툰 감사의 말을 입 안에서 우물거렸을 뿐 내놓지 못했다. 그리고 지금도 나는 감사의 마음을 표현할 말을 제대로 찾지 못하고 있다.

제3부
루돌프 슈타이너에 대한 기억, 그리고 베를린 노동자학교 시절의 그의 활동

알빈 알프레트 루돌프Alwin Alfred Rudolph

I. 세기말의 베를린 풍경 — 빌헬름 리프크네히트와 노동자학교의 설립 — 잊지 못할 강사들 — 우여곡절 끝에 슈타이너라는 이름을 듣다
II. 드디어 만난 슈타이너 박사 — 슈타이너, 두 여성, 그리고 커피 타임 — 승낙!
III. "시인의 파이" — 슈타이너의 첫 인상 — 온몸이 정신이라니! — 사례에 무관심한 슈타이너
IV. 모든 것은 그의 머리 속에 — 자극하고 일깨우는 교사 슈타이너 — 토론의 새로운 방식 — 마르크스주의자들의 반론 — 슈타이너: 역사적 사건들의 원천인 의식
V. 형식과 분노를 모르는 편안함 — 오이게니 델레 그라치에를 소개하다 — 두 그룹으로 나뉜 학생들 — 슈티르너에 대한 평가
VI. 조르다노 브루노 협회 창립 행사와 슈타이너 박사의 화려한 등장 — <문학잡지>에서 손 떼다 — 수강생의 폭발적 증가 — 탁월한 문학 해설자
VII. "새로운 공동체"와 충돌하다 — 해켈 해설자 슈타이너 — 아는 것이 아니라 정신의 힘과 의지 — 슈타이너, 강사비 인상을 거부하다 — 노동자학교 창립자의 죽음
VIII. 여름방학의 소풍 풍경 — 온 세상 지식의 저장고 — 영국 여행과 슈타이너의 변신 — 조르다노 브루노 협회 강연의 신지학 파문 — "온몸이 정신인 사람", 노동자학교와 강연 세계를 떠나다

I

　　　언변이 늘 좋지만은 않았던 독일 황제가 세계사를 움직이는 주역으로 나서기 시작하던 시기의 베를린을 떠올리는 데는 약간의 수고가 필요하다. 아직 자동차도 없어서, 출근하는 노동자가 고무 타이어가 달린 자전거로 교통사고를 내기 시작하던 시절이었다. 가로등은 있다고 해도 운터 덴 린덴 가나 필하모니 가 등 몇 군데가 전부였다. 그런 곳이 아닌 길에는 밀폐되지 않은 가스등이 안쓰러울 정도로 빈약한 빛으로 주변을 비쳤다. 부잣집, 서민이 사는 집, 아주 크지는 않은 상점들에는 석유등이 전부였다. 재봉틀이 있는 가정은 아주 드물었는데, 그나마도 대부분 그것으로 하루하루 몇 푼 벌이를 하는 도구였다. 그런데 작은 수입을 얻겠다고 들인 이 재봉틀이 결핵을 퍼뜨리는 원흉이었다는 사실이 나중에 어느 전시회를 통해서 알려졌다. 전차가 나오기 전이어서, 오늘날 "교통"이라고 부르는 것은 마차철도가 감당했다. 하지만 어쨌든 그 시기의 베를린은 아주 큰 도시여서, 제국의회 선거를 할 때면 선거구가 여섯이나 됐다. 지금 생각해 보면 참으로 놀라운 일이, 그 시절 우리 이모 한 분은 예순의 나이에도 걸어서 한 시간이 걸리는 우단 공장에서 하루에 열한 시간 동안 일을 한 것이다. 우리 어머니는 날마다 새벽 다섯 시면 일어나 빵을 사오고 커피를 끓여 아버지에게 아침을 차려드렸다. 누구나 다 그렇게 사는 시절이어서, 그분들의 그런 힘든 일상이 달리 눈에 띄지도 않았다.

마차철도의 객차에는 지붕에도 앉을 자리가 있었다. 그런데 그 자리에 앉는 것은 남자에게만 허용되었다. 여자에게는 부적절한 자리라고 여겨진 탓이었다. 지붕에 앉은 사람들은 긴 코트로 몸을 가리고 있어서, 길에서는 그들의 구두 끝만 보였다. 말이 끄는 승합마차도 지붕 자리가 있었는데, 요금이 마차철도의 절반이었다.

그리고 사람들은 승합마차의 지붕에 앉아 서로 이야기를 나누었다. 이 나라, 나아가 세계에서 벌어지지는 일이나 그 결과들, 우리 생활 등을 파악하고 인지하고 이해하기에는 우리의 학교 교육이 너무나 부족한 점이 많다는 게 화제가 되곤 했다. 학교에서 배우는 것이라고는 기껏해야 선제후, 왕, 황제들의 통치가 어떻게 되는지, 전쟁이나 전투가 언제 있었는지 달달 외우는 게 고작이니 허술하기 짝이 없다는 것이었다. 그 정도의 지식으로 우리가 어떻게 이 시대를 이해할 것이며, 자기 계발과 미래 설계의 가능성을 찾아내고 날마다 세상에 선을 보이는 진보의 결과물들을 어떻게 활용하겠느냐고들 했다.

제국의회에서 카니츠 백작이란 자는 하층민들은 읽을 줄 알고 약간 쓸 수 있고 자기가 받은 일당을 셀 수 있으면 충분하다고 말했다. 베를린의 어느 영지에 딸린 학교 벽에는 이런 말이 금색 글자로 새겨져 있었다. "예수님을 사랑하는 것이 다른 어떤 지식보다 낫다." 독일제국의 수도라는 곳에서 통하는 학교 교육의 원칙이 그 모양이었다. 학교에서는 수공업자의 기능을 습득하기 위한 기초 지식을 배우면 그만이었다. 간단한 계산이라도 할 수 있으려면 전문학교를 다녀야 했다. 언제가 내가 건축 공사장에서 자와 추 하나를 사용해서 큰 시멘트 블록의 무게를 계산해내자, 건축자격증을 가진 작업자들이 모두 놀란 눈을 했다. 그 가운데 한 사람은, 내가 분명 김나지움을 졸업했으면서도 아주 손쉽게 노동자들을 호령하려고 공사장에 온 것이 분명하다고 불만 섞인 투로 말했다.

어느 날 승합마차 지붕에서 한 노동자가 노동자학교가 설립되었다는 얘기를 했다. 그리고 퇴근 후에 두 시간 동안 얌전히 앉아 강의를 듣는 것이나 스스로 강의 내용을 정리해서 익히는 것이 쉬운 일이 아니라는 이야기를 했다. 나는 그런 이야기를 하는 사람 바로 곁에 앉아 다른 사람에게 하는 그의 말을 조용히 엿들었다. 나중에 브룬넨 가에 있는 어떤 건물 현관에서 그 건물의 별관에 노동자학교 강의실이 있음을 알리는 간판을 발견했다. 그 뒤 어느 날 저녁에 나는 그 학교를 찾아갔다. 작은 강의실은 책걸상, 교탁, 칠판을 갖추었고, 한쪽 벽에는 아주 커다란 서가가 있었다. 그런데 이 학교에서는 만 18세라는 나이가 중요한 조건이었다. 단체설립법에 의하면 18세가 안 된 사람은 어떤 단체라도 그 회원이 될 수 없었는데, 이 학교는 바로 그런 단체가 회원들을 위해 강좌를 여는 곳이었던 것이다. 그 법률을 지켜야 관리들에게 간섭의 여지를 주지 않았다.

그 단체의 설립자는 빌헬름 리프크네히트로, 요즘은 카

를 리프크네히트 박사의 아버지라고 해야 더 잘 알 인물이었다. 대학생 학우회("부르셴샤프트")에 속했던 그는 자유와 독일 통일을 위해 학도의용병으로 1848년 혁명에 참여했다. 그리고 그 후에는 사회주의 운동에 뛰어들었다. 그때는 비스마르크가 만든 사회주의자 탄압법에 따라 그 어떤 사회주의 활동도 금지된 시기였다. 그 바람에 빌헬름 리프크네히트는 친구 아우구스트 베벨August Bebel과 함께 라이프치히에서 추방되어 망명길에 올라야 했다. 황제와 "철혈재상" 비스마르크의 통치 아래이긴 했지만, 그 권력 행사가 모든 자유로운 의사 표현을 감옥과 몽둥이로 처벌하는 지경에 이르지는 않았다. 불법으로 신문이나 전단을 만들어 뿌리는 여유는 주어졌던 것이다. 사회주의자가 의회에 진출하는 것도 가능했다. 비스마르크가 물러나고 빌헬름 2세 황제의 통치 시기에는 이 "악법"이라고 불리던 사회주의자 탄압법이 폐지되었다. 안 그래도 허풍이 심한 황제는 "사회민주주의라면 나한테 맡겨주시오!" 하고 호언장담했다.

베를린 제6선거구 의석이 비게 되자, 빌헬름 리프크네히트는 선거에 나가 제국의회에 진출했다. 동시에 사민당 기관지 〈포어베르츠!〉("전진!")의 편집장으로 추대되어 베를린으로 이주했다. 베를린에 오자마자 그는 2천 명의 청중 앞에서 "아는 것이 힘이다"라는 제목으로 강연을 했다. 그의 뜻은 지식만이 힘의 원천이라는 것이 전혀 아니었다. 다만 지식이 있어야 비로소 활동할 능력이 생기며, 안다는 것은 무지보다 우월해서 더욱 강력한 영향을 미친다는 것이 그가 말한 "아는 것이 힘"이라는 말의 속뜻이었다. 그렇게 이 강연은 노동자학교의 설립으로 이어졌다. 사람들은 이 학교를 당연히 사민당 산하조직으로 여겼지만, 사실은 그렇지 않았다. 당시에는 그런 조직들이 모두 직접 당에 속하는 것은 아니었고, 각 조직이 당의 간섭 없이 자율적으로 활동할 수 있었다. 이는 당시의 단체설립법이 모든 정치적 단체로 하여금 특정 정당에 소속되도록 강제하지 않았기에 가능한 일이었다. 그런 조직의 입장에서 당의 지도부와 간부들은 단순히 학교의 신뢰관계인 정도였고 또 실제로 그렇게 불렸다. 정치단체들을 구속하던 갖가지 제약이 사라짐에 따라, 정당의 간부가 되기란 시간이 걸릴 뿐, 누구나 가능한 일이 되었다.

노동자학교는 법률상의 단체였다. 그래서 강의와 연습 시간에 참석하려면 먼저 단체의 회원이 되어야 했다. 그런 식으로 특정인들만을 위한 단체였으므로, 그 활동에 법률이나 경찰에 관련된 장애물이 없을 뿐 아니라 누군가가 횡포를 부릴 여지도 없었다. 관청의 허가나 감독을 받을 필요도 없었다. 사회주의 활동으로 학교에서 쫓겨난 젊은 교사가 교장을 맡았다. 교장은 새로 세워진 학교의 주요 강사진에 속하기도 했다. 베를린의 다른 지역들에도 강의실을 설치했는데, 월세를 아끼느라 대부분 구석지고 허름한 건물에 자리를 잡았다. 그렇지만 시에서 운영하는 학교나 민간인이 세운 고등교육기관에 비교해도 그다지 불만을 가질 정도는 아니었다. 나도 그 전에 몇 해 동안 그런 사립교육기관에 다녀봤지만, 그 학교도 금세라도 무너질 것 같은 건물의 낡아빠진 공간을 임대해서 운영하는 수준이었다. 게다가 그 학교는 일종의 고등교육기관이었다. 학교 주인인 파이퍼Pfeifer란 사람이 교장을 맡았다. 이 사람이 어떤 인물이었는가 하면, 그 무렵 어정쩡한 지식으로 아는 체하는 이가 있으면 사람들은 이런 말로 조롱했다. "그래, 알아. 너도 파이퍼 선생이 교장인 학교를 다녔지."

노동자학교의 젊은 교장은 ─나중에 사민당의 교육조직들이 크게 확장되면서 그것들을 총괄하는 기관의 대표가 되었다─ 각 강의실에서 독일어와 정서법 강좌를 맡았다. 그리고 그 강좌에서는 보고서, 글, 편지, 신청서, 회의록 쓰기를 가르쳤다. 다른 교사 한 사람은 토론과 연설 연습, 역사, 문학 강좌를 맡았다. 학구열 넘치는 학생들을 위해서는 경제학 입문, 그리고, 좀 아슬아슬한 기분이 들지만 카를 마르크스 저작 입문을 가르치는 강좌도 있었다. 각 강좌는 두 시간씩 10회의 야간수업으로 구성되었다. 수업 첫머리에는 매번 교사가 서론을 이야기한 다음에 학생들이 질문했다.

교사는 1회 수업에 8 마르크를 받았다. 한 교사가 강의실 네 곳을 돌며 수업을 했으므로, 그 당시 물가로는 생활이 가능한 수준의 수입을 얻을 수 있었다. 여러 노동자 단체의 모임과 행사에 강연 요청도 받았다. 게다가 신문과 잡지 발행에 참여하고, 사회주의자 탄압법이 철폐된 뒤로 수요가 커진 독자적인 조직들의 전단이나 저술을 맡기도 했다.

*

여기서 19세기가 끝나갈 무렵 베를린의 상황을 떠올릴 필요가 있다는 생각이 든다. 그때는 오늘날 우리로서는 상상하기 힘든 일들이 벌어지고 있었다. 물론 노동자학교의 사정도 이야기해야 할 것이다. 승합마차 지붕에서 들은 이야기와 학구열에 이끌려, 나는 그런 학교가 있다는 사실 말고는 아무것도 모르는 상태에서 노동자학교를 찾아갔다. 그리고 이 첫 방문이 나를 완전히 새로운 인생 행로로 이끌었다. 그날 나는 이전에는 내가 접근할 수도 없고 낯설기만 하던 세상을 들여다보게 되었다. 그런 세상에 발을 들인다는 것은 내게는 상상할 수도 없고 또 그럴 계기도 마땅히 없던 일이었다.

강의실 문 앞에서 체구가 작으면서 몸이 좀 굽은 젊은 이와 마주쳤다. 처음에는 이 친구가 들어갈 엄두를 못 내고 있다고 생각했다. 하지만 알고 보니 그는 재단사 도제였고, 고아인 탓에 교사 집에서 거주하고 있었다. 그때는 법에 따라 도제는 단체 회원이 될 수 없었다. 그래서 문밖에서 강의를 엿듣고 있었던 것이다. 그 뒤 문밖에서 강의를 엿듣던 이 젊은 도제는 재단사가 되어 강의실 안으로 들어올 수 있었다. 그리고 여러 해가 지난 뒤에 그는 사회복지에 관한 자문과 대행을 맡는 법률사무소의 소장이 되어 곤경에 처한 극빈자들을 돕는 소중한 일을 하게 되었다. 노동자학교에서 배운 많은 사람들이 이 젊은이처럼 나중에 사회에서 존경받는 인물이 되었고 대단히 높은 자리에 오르기도 했다.

내가 그 강의실에 앉아 공부하게 되었을 때, 노동자학교는 커다란 변화를 맞고 있었다. 강의실 네 곳을 계속 유지하기가 어렵게 된 것이다. 실업자가 폭증하면서, 황제가 바깥나들이를 할 때면 굶주린 사람들이 소요를 일으키는 지경이 되었다. 오늘날에는 상상하기 힘들겠지만, 당시에는 실업자가 되어도 별다른 도움을 받을 수 없었고, 노동조합 운동도 아주 초창기에 불과했다.

노동자학교는 시내 한복판에 집회 장소를 임대했다. 학교의 구조조정 과정에서도 엄청난 양의 장서는 없애지 않고 새로 마련한 강의실 입구에 수용했다. 그렇게 바뀐 환경에서 우리는 식당에서 쓰는 탁자를 책상 삼아 앉았다. 배움에 목마른 청년들이 퇴근하고 모였다. 남자뿐 아니라 점원, 재단사, 담배공장 공원으로 일하는 젊은 여자들도 왔다. 당시 베를린에는 폴란드와 리투아니아 출신 사회주의 유대인 노동자연맹에 소속된 젊은이가 아주 많았다. 이 연맹은 차르가 지배하는 러시아에서 불법화된 가운데 활동했고, 베를린에서도 비밀리에 본부를 운영하고 있었다. 러시아에서는 유대인이라는 이유로 학교를 다닐 수 없었던 청년들이 베를린에서 학교를 다니면서 혁명을 준비했다. 공장에서 담배 마는 일을 하는 젊은 여성들은 때때로

철야작업까지 하면서 돈을 벌어 학생들과 함께 기금을 만들었다. 그들은 오로지 법이 허용하지 않는 활동을 위해서만 살았다. 조금이라도 돈을 더 벌기 위해서 복권 행사를 하고, 고향 노동자들의 삶을 내용으로 하는 연극 작품을 쓰고, 선전 책자와 전단지를 만들어서 이중 상자에 담거나 검열에 걸리지 않을 책 안에 넣어 러시아로 보냈다. 그런 경로로 루돌프 슈타이너의 《자유의 철학》 가운데 몇몇 부분이 러시아로 밀반입되었다. 이 젊은 유대인들의 행동은 영웅적이었다. 훗날 나치 시절의 저항운동에서는 아쉽게도 그런 영웅적인 활동은 흔치 않았다. 심지어 어떤 청년들은 독일 여권을 마련해서 밀사가 되어 고향을 다녀오기도 했다. 훗날 소비에트 연방이 건립되었을 때 나와 개인적인 친분이 있는 사람들 가운데 몇몇이 요직에 올랐지만, 곧 행적을 알 수 없게 되었다.

19세기에서 20세기로 바뀌는 그 편치 않았던 시대에 진취적이고 희생적으로 활동한 강사들도 잊어서는 안 될 것이다. 다른 이들 못지않게 자발적으로 나서서, 프라일리히라트의 표현대로 "두개골과 뇌가 바싹 마르도록" 일하며 노동자학교에 헌신했으니 말이다. 변호사 볼프강 하이네Wolfgang Heine가 그랬다. 그는 제국의회 의원(당시에 의원들은 물질적인 보상이나 월급을 한 푼도 받지 않았다)으로, 불평불만만 많은 사람들에 맞서 자유로운 예술활동을 위해 투쟁하여 상당한 평가를 받았다. 그리고 화가 캐테 콜비츠Käthe Kollwitz와 오누이 관계인 콘라트 슈미트Konrad Schmidt 박사가 있었다. 대학 강사 자리를 얻으려 했으나 허용되지 않았던 그는 노동자학교에서 가르쳤다. 자연과학자 빌헬름 뵐셰Wilhelm Bölsche는 나중에 그에게 명성을 가져다 준 《자연에서 이루어지는 애정 생활》이라는 첫 번째 저작을 쓰는 중에 강사진에 합류했다.

리하르트 칼버Richard Calwer는 신학 공부를 그만두고 노동자학교로 왔다. 게오르크 레데부르Georg Ledebour는 나중에 히틀러 정권에 쫓겨 망명했다가 거의 백 세가 되어 망명지에서 세상을 떠났다.

노동자학교 강사진에 합류한 지 한 해가 지나 나는 운영위원회의 서기로 선출되어 밀려드는 서류 업무를 처리하기 시작했다. 동시에 위원장과 함께 모든 교사와 강의 계획을 두고 협의하는 일도 맡았다. 위원장은 나보다 열 살 정도 위였는데, 사람들과 협의하는 일에 수완이 뛰어났다. 강사진은 이미 베를린 사회에서 상당한 이름을 얻은 노련한 사람들이었다. 당시의 나는 아무것도 모르는 젊은 사람이었고, 그래서 그들을 별로 어려워하지 않았다. 교사들을 만날 때면 위원장이 늘 나를 데리고 갔고, 나의 언급이나 제안이 협의에 도움이 되었을 뿐 아니라 상대방에 대한 나의 평가가 대부분 맞아떨어졌다고 늘 이야기했기 때문에 그랬을 수도 있다. 그런 이야기는 위원장이 아니라 운영위원회의 다른 위원들에게서 들었다. 그래서인지 무슨 협상이나 합의할 일이 생기면 그들은 나는 끌어들이려 했다. 그러다가 일요일 저녁 강연회의 강연자를 구하는 일이 나와 부위원장에게 맡겨졌다. 나는 세기가 바뀌는 시기에 베를린의 정신적인 엘리트들 가운데 겨울 내내 강연을 할 사람들을 확보했다.

노동자학교 창립자 빌헬름 리프크네히트는 기관지 〈전진!〉의 편집장인 데다 고령이어서 우리의 기대에 부응하지는 못했다. 해마다 열리는 창립기념일은 직원들 모두가 한껏 예술적인 재능을 발휘하는 기회였는데, 그 행사에서는 언제나 리프크네히트가 축사를 했다. 한 번은 황제를 모독했다는 죄목으로 6개월 동안 감옥에 갇혔다가 나와서 창립기념일 축사를 위해 처음으로 공개석상에 등장한 적도 있었다. 그가 세상을 떠난 뒤, 나는 창립기념일 축사를 위해 그의 아들 카를 리프크네히트 박사를 섭외했다. 아버지처럼 변호사로 개업한 아들 리프크네히트에게 그 축사는 공개 석상의 첫 발언이자 비극으로 끝난 정치적 행로의 출발점이었다.

이런 사람들과 함께 노동자학교 활동가의 일원이 된 또 한 사람의 교사가 바로 루돌프 슈타이너 박사였다. 나는 그와 친구라고도 할 만큼 긴밀한 관계가 되었다. 우리가 수업 가운데 주요 과목으로 여긴 것 중 하나가 역사였다. 정치적 변화의 전반적인 역사와 그것이 문학과 예술에 미친 영향을 다루는 과목이었다. 그런데 바로 이 주요 과목의 교사를 구하는 일에서 우리는 온갖 곳을 찾고 뒤졌음에도 적합하다고 여겨지는 사람을 만나지 못했다. 그래서 우리는 이전에도 여러 번 그랬듯이 다시 한 번 쿠르트 아이스너Kurt Eisner를 만났다. "전진!"의 편집자이자 경쾌한 필치의 소유자였던 그는 공적이고 정치적인 역할을 하려는 의도가 전혀 없었음에도 결국 정치 무대에서 끔찍한 종말을 겪었다. 무엇보다 역사 분야에서 그는 만만찮은 전문가였다. 그리고 정치적 사건들이 그를 정치의 주도권 싸움으로 내몰지 않았다면, 그의 일생은 훨씬 큰 명성과 영예로 빛났을 것이다. 편집자 업무, 상당한 양의 작품 활동, 베를린 자유민중극단의 예술위원직 등도 그렇지만, 무엇보다 강단에 서기를 두려워하는 그의 성격 때문에, 그를 강사진에 합류시키려는 우리의 노력은 결국 성과 없이 끝났다. 그런데 그는 우리에게 중요하고도 결정적인 힌트를 던졌다. 바로 루돌프 슈타이너를 추천한 것이다.

인지학이라는 말은 아직 세상에 나오지 않은 때였다. 슈타이너라는 이름도 우리에게는 금시초문이었다. 몹시 바빴는지, 쿠르트 아이스너는 연극협회에서 슈타이너라는 사람을 만났노라고 지나가는 투로 말했다. 그러면서 신문 문예란 편집자 되셔Döscher를 만나보라고 제안했다. 되셔는 문학적 재능이라면 아이스너를 넘어서는 인물이었다. 문학 속에 완전히 빠져 사는 그를 만나 보니, 그는 책과 원고지의 장벽 너머에서 무슨 일이 벌어지는 전혀 관심이 없는 것 같았다. 하지만 우리가 추천 받은 또 한 사람인 루돌프 슈타이너 박사에 관해서는 많이 아는 듯했다. 박사는 바이마르에서 왔으며, 그곳에서는 괴테·실러문서고에서 일했고, 베를린에 온 뒤로는 〈문학잡지〉의 발행인, "자유극단"의 대표로 일하고 있다는 이야기였다. 되셔는 "미래인"이라는 문예단체에서 그를 알게 되었다고 했다. 우리가 되셔를 찾아간 날이 마침 그 단체의 정기회합일인 목요일이었으므로, 되셔는 슈타이너 박사를 만나 노동자학교의 교사직 제안에 대해 이야기를 나누기로 했다. 그리고 다음에 다시 만나 그 결과를 듣기로 하고 헤어졌다.

II

　　　역사 교사를 구하기 위해 쉬지 않고 여기저기를 수소문하고 다니는 과정에서 우리는 겪은 일도 많고 실망할 일도 많았다. 그렇게 계속 헛수고를 하고도 여태 구인 작업을 그만두지 않은 것이 신기할 정도였다. 거듭되는 거절이 우리를 더 끈질기고 고집스럽게 만들었는지도 모른다. 제안을 받아들일 마음은 있지만 시간이 없는 탓에 그런 존경스럽고 영예로운 일을 맡을 수가 없어서 유감이라는 이야기를 얼마나 많이 들었으며, 우리가 잃어버리지 말아야 할, 가장 아름다운 희망인 순박한 열정을 칭송하는 말은 또 얼마나 많이 들었는지 모른다. 우리의 미래가 얼마나 창창한지, 계속 커지는 노동자 조직으로 인해 우리의 활동 영역이 얼마나 넓어질 것인지 예언하는 말도 많이 들었다. 우리의 관심사는 그런 게 아니었는데 말이다. 우리는 다만 우리 앞에 펼쳐져 있는 세상에서 우리에게는 닫힌 영역 안으로 들어가기만을 원했다. 재앙 수준의 실업률과 그에 따른 공포스러운 위기와 엄청난 참상은 조금씩 나아졌다. 어떻게 하면 늘어나는 이익에서 가난한 이들의 힘으로 가난한 이들의 몫을 확보해줄 수 있을까? 그리고 어떻게 하면 경제성장을 이용해서 문화 활동을 늘려 얼마간이라도 생활의 기쁨을 누릴 수 있을까? 그뿐 아니라, 어떻게 하면 이미 획득한 생활 수준이 다시 최악의 수준으로 떨어지는 것을 막을 수 있을까?

"청년기는 술 없이도 취해 있는 시절이다!" 젊은 우리가 문예란 편집자 되셔를 만나고 나올 때가 그랬다. 되셔는 빈말로 우리를 위로해서 내보내려 한다는 인상을 전혀 주지 않았다. 그는 우리에게 도움이 되는 조언을 하려고 애쓰는 모습이 역력했다. 그와 헤어지고 우리는 티어가르텐을 가로지르는 길을 걸었다. 그 당시 승마 길과 꽃마차 행렬이 있는 티어가르텐은 베를린에서 가장 아름다운 구역이었다. 잘 가꿔진 길과 잔디밭, 초가을의 아름다운 색깔에 마음이 풀리고 유쾌해진 우리는 어깨를 부딪혀 서로

길 밖으로 밀어내는 장난을 쳤다. 그러다 펄럭펄럭, 하늘하늘 날리는 노란 이파리들을 따라 춤을 추려는 순간, 나이 많은 공원지기가 나타나 찬물을 끼얹었다. 연약한 노인들을 도와야 할 베를린 시청은 그들에게 지팡이 대신 싸리비를 들려주어 몸을 기대게 했다. 그렇게 시청은 그들을 공원지기로 채용했다. "그럼, 그럼. 젊음이란 좋은 거요." 하고 노인이 말했는데, 그건 우리 들으라는 말이기보다는 자신에게 하는 말에 가까웠다. 어쨌든 그렇게 그 노인은 우리를 젊음의 일탈에서 끌어냈다.

노인의 한 마디는 우리의 작은 희망이 허망하게 사라져버릴 것이라는 암시일까? 우리는 갑자기 불안해졌다. 가는 곳마다 제안이 거절당할 때 들은 그 수많은 이유에 또 한 가지 이유가 더해질 것인지를 확인하고 싶어 안달이 났다. 이유는 대부분 같았다. 자신의 핑계가 좀더 설득력 있게 들리도록 약간의 위트를 덧붙이려는 사람조차 없었다. 훗날 그토록 비겁하고 참혹하게 살해당한 로자 룩셈부르크만이 솔직하게 말한 유일한 사람이었다. 남을 가르치는 것이 자신에게도 너무나 의미 있긴 일이긴 하지만, 사회주의 운동권에서도 심하게 한쪽으로 치우친 신념을 가진 사람이 아직 아무것에도 물들지 않고 비판 능력도 없는 청년들을 고분고분한 추종자로 만들려 한다는 비난을 피하려면 우리의 제안을 받아들일 수가 없다고 한 것이다. 심지어 일회성 강연 제안도 같은 이유로 사양했다.

*

 새로 생긴 이 연결점이 어떤 결과를 가져올지, 우리는 몹시도 궁금했다. 시일을 더 끌 형편도 아니어서 바로 다음날 다시 되서에게 갔다. 되서는 우리보다 더 기쁜 모양이었다. 문을 들어서는 우리를 보자, 되서는 자리에서 벌떡 일어나서 두 손을 내밀었다. 그러고는 거의 기대하지 않았던 다행스런 소식을 상기된 목소리로 전했다. 슈타이너 박사는 제안을 거절하지 않지만, 최종적으로 승락하기 전에 먼저 노동자학교의 구조와 업무를 확인하기 위해 면담을 해야 하겠으니 우리가 찾아오기를 원한다는 이야기였다. 우리는 슈타이너 박사가 자신의 주소를 쓴 작은 메모지를 전해 받았다. 그때는 "주소"(Adresse)를 대신하는 "안슈리프트Anschrift"라는 단어가 만들어지기 전이었다. 놀라기도 했지만 어떻게 감사를 표해야 할지 몰라서, 임무가 끝났음에도 우리는 집을 나설 생각이 들지 않았다.

　　　　카이저 가라니! 주소까지도 뭔가 우아한 느낌이

들었다. 당시에는 너무 넓어서 휑한 느낌을 주는 간선도로 밖에 없었다. 그리고 그런 길은 여러 지역을 잇는 몹시 황량한 구릉을 가로질러 끝없이 뻗었다. 교외선 기차는 빌머스도르프Wilmersdorf 역에서 우리를 도로 한가운데에 내려놓았다. 도로 어느 쪽 주소를 읽어야 하는지 전혀 몰라서, 우리 두 청년은 버려진 양 그냥 서 있었다. 주변은 온통 주인 없는 듯한 빈 땅이었다. 동료는 목수인 리하르트 발처Richard Balzer로, 대단히 활발하고 헌신적인 운영위원이었다. 지난번 전쟁에서 그는 이미 장년기에 들었음에도 전사했다. 그날의 활동에 대해서 우리는 그 어떤 보수도 받지 않았고, 아무도 우리의 업무 결손을 채워 주지도 않았다. 심지어 차비도 우리 돈으로 지불했다. 그것은 아주 당연한 일이어서 논의조차 되지 않았다. 이를 두고 누가 말을 꺼낸다면 오히려 우리가 화를 냈을 것이다.

운과 우연에 힘입어 우리는 왼쪽으로 발걸음을 옮겼는데, 아마도 우리가 좌파라서 그러지 않았을까 싶다. 당시에 유명했던 자전거 경주 도로 너머로 울퉁불퉁한 길을 따라 선 키 큰 나무 아래를 계속 지나자, 그다지 높지 않은 임대 가옥 몇 채가 나타났다. 빌헬름 2세 시대에 시작된 건축 광풍이 여기까지 미친 모양이었다. "주인집 전용

입구"라는 팻말이 붙은 집은 아직 없었다. 외롭게 서 있는 건물 네 채 가운데 하나에 우리가 받은 호수가 붙어 있었다. 조금 두근거리는 가슴으로 우리는 계단을 올라갔다. 그러다가 창문이 있는 곳에 멈춰 섰다. 창밖에는 측량 말뚝이 박힌 길과 드넓은 건축 공사장이 부동산 투기꾼들을 기다리고 있었다. 그 건너편에 또 한 채의 높은 집이 보였다. 다른 방향에서 오긴 했지만, 그 집이 바로 2주 전에 우리가 로자 룩셈부르크로부터 강렬한 거절 선언을 들은 집이었다. 그 생각이 들자 우리는 갑자기 불안해졌다.

3층 현관에 "루돌프 슈타이너 박사"라는 문패가 보였다. 우리는 용기를 내어 초인종을 눌렀다. 초인종은 안간힘을 다해서 전기 초인종 소리를 흉내 내는 듯했다. 물건마다 전기를 쓰는 건 미래에나 있을 일이었다! 그럴싸한 동네로 보이려고 애를 쓴다 한들, 그곳에는 아직 전기도 들어오지 않았다. 옛날이라면 나무 가지에 원숭이가 앉아 있을 외진 곳이었으니 말이다. 마치 기다렸다는 듯 문을 열어 준 사람은 짙은 색 옷을 입은 젊고 마른 여성이었다. 우리는 거실과 서재를 겸한 넓고 밝은 방으로 안내되었다. 긴 소파와 쿠션을 댄 의자들은 한눈에도 구식 가구였다. 엄청나게 많은 책이 벽들을 뒤덮었고, 그림도 몇 점 있었다. 창문 쪽에는 아주 커다란 책상이 놓였고, 그 위에는 종이와 책이 수북했다. 슈타이너 박사는 위엄이 깃든 날씬한 몸을 곧게 세우고 방 한가운데에서 우리를 맞았다. 수척하고 곧은 자세에다가 날렵하게 재단된 검은 옷을 입고 있었다. 콧수염은 자르지 않았지만 그의 몸처럼 좀 빈약했다. 코안경을 걸쳤고, 검고 긴 머리는 단정하게 뒤로 빗어 넘겼다. 가슴팍의 옷깃에는 길고 넓은 리본을 달았다. 그의 사진이라고 알려진 것들 가운데 코안경과 콧수염이 없는 것은 이 때와는 다른 시기의 사진일 것이다. 그의 환영 인사는 극도로 친절했다. 방 안은 안락한 분위기로 가득했다. 오랜 지인을 만난 듯, 우리는 낯설어하거나 체면을 차리거나 당황스러운 기분이 전혀 아니었다. 그는 우리에게 나이가 지긋한 부인을 소개했다. 문을 열어 준 이는 부인의 딸이었다. 여기서 부인이라고 한 것은 완전히 틀린 말이다. 박사와 그 부인은 사람들이 부인이라고 말할 때 연상하는 그런 사이가 아니었다. 그 집의 여성들은 그저 다정하고 재주 많은 사람들이었다.

 친구를 만나는 즐거운 방문인 듯 아무도 우리의 관심사를 묻지 않고 우리도 임무를 내비치지 않은 채, 집주인은 우리를 커다란 식탁으로 이끌었다. 곧 식탁 위의 커피 머신이 작업을 시작했다. 딸은 식탁에 커피 세트를 차리고, 부인은 과자를 내왔다. 과자를 받아 든 슈타이너 박사는 우선 기운을 좀 차리라며 우리에게 권했다. 이때까지도 그는 우리가 여기까지 온 이유를 몰랐다. 과자는 마크로네처럼 생겼지만, 아니었다. 그건 정교하게 만든 하얀 파이로, 맛이 독특하고 윗부분에 더욱 정교하게 만든 쿠키 장식이 얹혀 있었다. 딸의 설명에 따르면 그것은 아이디어를 낸 사람 이름을 따서 "야코봅스키 식 시인의 파이"라고 불리는 파이로, 어느 한 군데 제과점에서 비밀 레시피에 따라 만드는 것이었다.

아주 매력적이고 흔히 경험할 수 없는 커피 타임이었다. 우리 두 청년의 일상과는 너무나 동떨어진 분위기였는데, 그럼에도 우리는 답답한 기분이 들지 않았다. 이 집에서는 그런 기분이 비집고 들어올 수가 없는 듯했다. 우리는 우리 자신과 집안 이야기에다 우리가 하는 일, 사는 집, 지금까지 읽은 책, 구경한 연극 이야기를 늘어놓았다. 그러면서 서로의 이야기에 설명을 덧붙이기도 했다. 동료는 내가 사는 집 곁채에서 나와 같은 3층에 살고 있어서 창문으로 말을 주고받을 수 있을 뿐 아니라 침실도 서로 들여다보일 정도였다. 그 건물에 사는 사람들 사이에는 비밀이 있을 수 없는 구조였다. 모두가 서로에 대해 알고 보고 함께 겪으며 살았다. 누군가 배탈이 나거나 다른 이가 엄마의 소시지 한 조각을 몰래 먹거나 슬리퍼 만드는 사람이 납품을 마치고 와서 한 잔 걸치고 있어도 모두들 그걸 알았다. 슈타이너 박사와 두 여성은 미소를 띤 채 우리 이야기를 들으면서 뭔가를 묻기도 하고 이야기를 재촉하기도 했다. 슈타이너 박사는 우리에게 베를린의 작가가 쓴 어느 소설에 대해 물었다. 그것은 서점마다 잔뜩 깔려 엄청나게 팔리다가 금세 그 제목과 작가 이름까지 잊혀진 소설이었다. 그건 우리가 모르는 책이었다. 루돌프 슈타이너는 비웃는 듯 웃음을 머금은 얼굴로 그 책의 내용 몇 군데를 소개했다. 그러고는 카를 마이Karl May는 적어도 수많은 판타지를 제공했고 마를리트Marlitt는 목에 걸린 생선튀김 동화로 사람들을 열광시켰는데, 이 베를린 소설은 가볍기 짝이 없는 모조품에 지나지 않는다고 말했다. 저자는 고료만 받고 미국으로 가버렸다고 했다. 그런데 쓸 데 없이 인쇄용 잉크만 낭비한 그 사람이 미국으로 가도록 대서양이 가만히 있었는지는 모르겠다는 이야기도 했다. 그러자 부인의 딸이 난로를 가리키며, 서평을 써달라며 출판사가 준 그 책은 저기서 사라졌다고 덧붙였다. 출판사는 무려 세 번이나 서평을 부탁하고도 아무런 대답을 받지 못했다고 했다.

커피 타임이 끝났다. 우리는 마지막 남은 파이를 입 안에 넣어야 했다. 베를린을 빙 돌아 집으로 돌아가야 하는 우리였으므로, 용건을 꺼내야 했다. 커피잔을 앞에 놓고 수다를 떠는 동안에는 그럴 기회가 전혀 없었다. 부인의 딸은 식탁에서는 일 이야기를 하지 않으니 걱정하지 말라고 우리를 안심시켰다. "맞습니다." 하고 루돌프 슈타이너가 맞장구를 치고는 나를 향해 말했다. "당신이 하는 이야기를 들어 보니, 소설을 써도 그 베를린 소설보다는 내용이 훨씬 알차게 될 것 같습니다." 박사는 내가 부끄러워할 일이 아니라면서, 이제 용건 이야기를 하자고 말했다.

우리는 노동자학교의 설립, 발전, 활동, 구성, 학생들의 연령대와 직업 등을 설명했다. 학생들의 의도와 기대가 무엇인지 묻는 말에는, 세상에서는 새로운 인식으로 가득하고, 우리는 거기에 일조하려 한다고 대답했다. 우리의 인생 과제, 지금까지 걸어온 인생 경로에 대한 질문도 있었다. 그런데 우리는 사실 그런 게 없었고, 또 생각해보지도 않았다. 그때 우리는 너무 젊었다. 겨우 서른을 넘긴 철없는 젊은 나이였다. 우리는 그저 세상이 돌아가는 모습을 제대로 알아내어 그 모습을 의미 있게 만들어가는 데 힘을 보태고 싶었다.

그때까지 가르친 교사들 이름을 일일이 읊어야 했는데, 슈타이너 박사는 그들을 모두 알고 있었다. 개인적인 친분이 있지 않은 경우에도 그들의 특별한 성향과 활동, 저술과 그 비중 등을 통해 그들을 알았던 것이다. 그는 그런 인물들에 대한 인정이나 비판을 표현하는 것도 주저하지 않았다. 브루노 빌레Bruno Wille 박사를 교사로 모시기 위해 노력했다는 이야기를 했다. 그러자 슈타이너 박사는 우리의 노력이 성과를 얻지 못해 다행이라고 했다. 근래에 들어 브루노 빌레 박사의 명성이 상당하다고 생각했던 우리는 그의 말에 깜짝 놀랐다. 슈타이너 박사는 브루노 빌레가 있다면 함께 일하지 않을 것이라면서, 그를 머리가 뒤죽박죽인 사람이라고 거듭 강조했다. 그런데도 그의 《어느 노간주나무의 고백》이라는 책은 서점마다 진열되어 있고 심지어 읽히기까지 한다는 것이었다. 물론 사람들이 읽기는 하지만 곧 구석에 처박아 둘 정도로 엉망진창인 저작이라고 했다. "그건 앞에서 뒤로 읽든, 뒤에서 앞으로 읽든 상관이 없어요. 아무거나 뒤죽박죽으로 섞어 놓은 거니까 말입니다."

그 이야기 끝에 그는 갑자기 우리에게 악수를 청했다. 이렇게 또 아무 성과도 거두지 못했다는 생각에 우리는 몹시 놀랐다. 그런데 곧 이어 그는 모든 합의가 이루어지기라도 한 듯 우리더러 빠른 시일 안에 다시 오라고 일렀다. 다시 와서 어떤 강의를 듣고 싶은지 알려주면 이 이름다운 일을 받아들일지 결정하겠다고 했다.

우리는 얼떨떨한 기분으로 그 집을 나와 길에 서서 서로 어깨를 밀치며 말했다. "야, 드디어 선생님을 구했네!" 게다가 평범한 교사를 얻은 것이 아니었다. 그런데 우리는 노동자학교가 얼마의 보수를 지불하는지도 이야기하지 않았다. 하루 저녁 두 시간에 8마르크인 보수 말이다. 슈타이너 박사가 이를 어떻게 생각할지 전혀 짐작이 가지 않았다.

"어이 애송이들!" 짐을 높이 실은 마차의 마부가 우리 머리 위로 채찍을 날리며 소리쳤다. 하마터면 우리는 그 마차를 끄는 400kg짜리 말 두 마리에 치일 뻔했던 것이다.

III

　　　　그로부터 며칠 뒤, 운영위원회 회의에서 우리는 마뜩잖은 비난에 직면했다. 몇몇 위원의 말은 그랬다. 큰 희망과 기대에는 적잖은 실망이 따르게 마련이라고 말이다. 그래야 제대로 목적을 달성할 수 있다는 것이었다. 우리 둘은 드디어 역사 과목을 맡을 강사를 구했다고, 그것도 드물게 대단한 분을 영입할 수 있게 되었다고 확신했다. 그런 우리에게 사람들이 한 말은 오로지 우려와 부정적인 가정이라고 할 만한 것들이었다. 우리가 힘들게 세우고 꾸려온 학교지만, 바깥 세상에서는 중요한 기관이라는 평가도 받지 못하고 당원들까지도 별로 존중하지 않는데, 어떻게 능력 면에서 최상위에 속하는 인물이 우리

학교에 오겠느냐는 얘기였다. 노동자학교의 활동이 사람들에게는 그저 경력을 쌓는 정거장에 불과했다는 것을 충분히 경험했다고들 말했다. 성과를 따지자면 우리는 내세울 게 전혀 없을 뿐 아니라 추락하는 일만 남았다고, 그렇게 추락한 다음에는 아마도 그간의 성과를 돌아보는 사람도 없고 설립하던 때의 의미도 잊혀지고 말 것이라는 얘기였다. 게다가 사례는 어떻게 결정되었는지 질문을 받고는 난처하게도 사례에 대해서는 이야기를 나누지 못했다고 대답할 수밖에 없었다. 나는 두 번이나 사례 이야기를 꺼내려고 했지만 슈타이너 박사는 그런 것에는 관심도 없다는 듯 굳이 대답을 피하는 것 같았다고 주장했지만 소용이 없었다. 나의 이야기에 사람들은 거의 웃음을 터뜨릴 지경이었다. 분위기가 이렇게 흘러갔지만, 어쨌든 다시 한 번 확인해 보기로 결론이 났다.

무엇보다 사례에 대해 이야기를 나누어야 한다는 확고한 임무가 지금까지 협상을 맡아온 우리에게 주어졌다. 우리가 이룬 성취는 위원들 생각에는 아무것도 아닌 것 같았다.

그때는 전화라는 도구로 최소한 언제 만날지는 정할 수 있는 그런 시대가 아니었다. 편리하고도 매력적인 그 물건은 부유한 사업가들에게나 차례가 돌아가, 전화가 있는 집은 아직 한 동네에 한 집에 지나지 않았다. 게다가 당시 사람들은 전화를 몹시 곤란한 물건으로 여겼다. 감전의 위험이 있고 사용법이 까다롭고 상대방의 말도 알아듣기 힘들다고들 했다. 카이저 가의 외진 동네에는 전화가 없었다. 그 동네에는 도로 위, 건물들 사이, 집안의 벽 어디에도 전선이나 전화선이 설치되어 있지 않았다. 그러니 사람을 만나고 싶으면 운은 하늘에 맡기고 찾아가는 수밖에 없었다.

그렇게 우리는 무작정 슈타이너 박사 댁으로 갔지만, 그를 만나지 못했다. 박사는 강연 일정으로 빈에 가고 없었다. 모녀 관계인 두 여성은 박사와 어떤 사이였을까? 첫 만남에서는 늘 그렇듯이, 지난 번에 우리는 두 여성을 앞에 두고도 이름이나 신상을 전혀 알아내지 못했다. 두 여성은 우리가 먼 길에 헛걸음을 하게 된 것을 몹시 미안해했다. 그 먼 길을 오가는 수고와 시간이 아무렇지도 않았고, 우리 지갑에서 나가야 하는 차비는 더더욱 아깝지 않았다. 그들의 위로에, "무슨 말씀을, 부인. 전혀 미안해 하실 일 아닙니다." 하고 답하는 우리의 말 중간에, 부인이라고 부르지 말라며 이름을 알려주었다. 대단히 이국적으로 들리는 그 이름들을 제대로 알아듣지 못했다. 우리 머리가 늘 그 정도였다. 사실 그 집에 가는 길에 둘이서 그 여성들을 어떻게 부르며 인사할지 상의했지만, 막상 헤어지는 인사를 할 때는 "부인"이라고 하고 말았다.

이렇게 오가는 것이 전혀 힘들지 않다고 몇 번이나 힘주어 말했다. 더구나 헛걸음이라고는 절대로 생각하지 않는다고도 했다. 이렇게 오가는 길에 볼 것도 많고 알게 되는 것도 많다고 이유를 댔다. 그러고는 집안으로 들어가지 않고 현관에서 작별인사를 하고 떠나려 했다. 하지만 두 여성은 그럴 수 없다며, 커피라도 대접해야 한다고 붙잡았다. 갑자기 들이닥친 우리를 반갑게 맞아들이는 두 여성의 진심이 느껴졌다. 또 이들이 늘 함께 지내던 박사의 출타로 좀 적적한 모양이라는 생각도 들었다. 담소를 나누는 가운데 우리는 "미래인"이라는 문예단체에 관한 이야기를 들었다. 무엇보다 단체 설립을 자극하고 실행한 루트비히 야코봅스키 박사라는 이름의 시인이 언급되었다. 우리가 당대를 대표하는 저명한 시인으로 좋아하는 사람들의 이름도 언급되었지만, 그 사람들 가운데 지금까지 머리에 남아 있는 이름은 인지학의 창시자 루돌프 슈타이너 하나뿐이다.

아주 오래 이어진 담소에서 우리는 "미래인"의 정기 모임이 매주 목요일이고, 새벽까지 이야기가 이어질 때가 많다는 사실도 알게 되었다. 최근에는 어느 상업고문관이 자신과 자기 직원들의 입회를 신청했다는 이야기도 나왔다. 그 속물의 목적은 예술가들과 어울리는 것이었다. 회원들은 답을 주지 않고 먼저 그를 오래 기다리게 하면서 술값이나 내게 했다. 그러다가 어느 땐가 잡지 〈파밀리엔라우베Familienlaube〉에 실린 오이게니 마를리트의 소설 한 부분을 읽어주었다. 마를리트의 소설은 베를린의 흔한 속물들 가운데 유명해진 이 점잖은 졸부가 제일 좋아하는 작품이었다. 이어서 슈타이너 박사가 온갖 미사여구로 범벅이 되어 난해하기 짝이 없으면서 화려한 일장 연설을 쏟아냈다.

젊은 여성의 어머니는 루돌프 슈타이너가 괴테·실러문서고 일자리를 그만두고 베를린으로 온 경위, 그리고 〈문학잡지〉의 발행인 겸 편집인을 맡은 일 등을 이야기했다. 그 잡지는 소리 소문도 없이 부수가 늘었지만, 발행 비용을 조달하는 것이 새 발행인의 골칫거리라고 했다. 슈타이너는 그 일에 사명감을 갖고 있으며, 그가 하는 여러 일의 한 가지에 지나지 않음에도 불구하고 대부분의 시간을 잡지 일로 고심하며 지내는 모양이었다.

이 몇 가지 이야기를 들으며 우리는 좋은 조짐인지 아닌지를 확실히 판단할 수 없었다. 그런데 이어지는 부인의 이야기가 이랬다. "미래인" 모임에서 하는 슈타이너의 강연은 그저 지인들과 즐거운 시간을 보내는 일에 지나지 않는 것이다. 우리를 처음 만나고 난 뒤 슈타이너 박사는, 노동자학교 사람들이 저 두 청년과 같다면 바람직한 관계가 이루어지지 않겠는가, 그렇게 되면 그곳에서 교사로, 그리고 나아가 뭔가 새로운 길을 열어주는 사람으로 일할 수 있지 않겠는가, 하고 말했다. 게다가 자신의 가르침에 귀를 기울이고 자신의 인도에 따라 세상을 알아보려는 둘의 의지가 확고한 걸 보면, 그들에게 주는 것보다 그들에게서 얻는 것이 더 많을 것이다. 가진 것을 있는 대로 꺼내어 준다면, 그걸 받아들여 배운다는 게 그들에게는 만만찮게 수고로운 일이겠지만 자신에게는 편안하고 기쁜 강의가 될 것이다. 그곳의 학생들을 절대로 편하게 내버려두지 않을 것이고, 과거에 벌어진 일을 학생들에게 전하는 것에 더하여, 그런 일을 있도록 한 깊은 동인과 원인을 보여줄 것이다. 그런데 그런 모든 역사에는 경제적인 원인과 동인만이 아니라 여러 정신적인 힘이 작용했다는 것을 알려줄 것이다. 강의는 노력과 자극과 신선한 일깨움의 시간이 될 것이다. 노동자학교에서 가르치는 일 말고도 하던 일은 계속할 것이다. 가르치는 일에서 새로운 인식과 관계를 얻을 테고, 이제껏 몰랐던 베를린 사람들의 삶 속으로 깊이 들어갈 기회가 될 것이다. 그리고 이곳 베를린이 새로운 문학과 사상에 얼마나 열린 자세를 보이는 곳인지 알게 된 자신에게는 베를린이라는 도시와 그 시민의 엄청난 의미가 바로 베를린의 일상 안에 녹아 있다는 사실을 재차 확인하는 경험이 될 것이다, 등의 이야기였다.

그 이야기 한 마디 한 마디에는 자기 앞에 놓인 큰 일에 대한 깊은 존중이 배어 있었다. 그리고 그 존중은 결코 가벼운 경탄이기보다는 우리를 준비시키기 위한 것에 더 가까웠다. 그것은 우리가 교사로 모시려 하지만 아직 그 인물의 크기를 완전히 알지 못하는 사람, 일이 성사된다면 무엇보다 마음만 앞서 엉망으로 주워 모은 지식만 가득한 전대미문의 집단으로 들어올 사람을 맞이할 우리의 준비를 위한 것이었다. 그렇지 않아도 우리는 그로 인해 완전히 새로운 땅에 발을 들여 놓게 되리라는 사실, 우리의 온갖 판단력을 동원해서 진력하는 능력을 배워야 할 것이라는 사실을 짐작하고 있었다.

어쨌든 우리는 다시 한 번 임무를 수행하지 못했다. 아니, 수행할 수가 없었다. 사례 문제를 입에 올리려는 우리의 시도가 매번 의도적인 방해를 받는 듯한 생각이 들었다. 이런 상황이 우리에게 좋은 일일 것이라고 여겨야 할지, 아니면 우리를 너무 놀라게 하지 않으려는 것이라고 생각해야 할지 짐작이 가지 않았다. 하여튼 그 문제에 대해서는 확실한 대답을 듣지 못했다. 그래도 다음 주로 예정되었던 운영위원회 회의가 취소되어 사례 문제를 보고하지 않아도 된 것에 조금 안도했다. 슈타이너 박사가 언제 빈에서 돌아오는지도 확답이 없었다. 빈에는 많은 친구가 있어서 얼마간은 회포를 풀며 지낼 것이라는 이야기였다. 헤르만 바르Hermann Bahr, 페터 알텐베르크Peter Altenberg, 광부 이야기를 다룬 희곡을 쓰는 중인 마리 오이게니 델레 그라치에 같은 작가들을 만날 것이고, 늘 그렇듯 한 곳에서 강연이 끝나면 다른 곳 강연 요청이 들어와 서너 군데 강연 일정이 늘어날 것이라고 했다.

*

어쨌거나 우리는 주어진 임무이자 우리의 소망인 목적을 이루지 못했다. 조금은 맥이 빠진 채 박사의 집을 나선 우리는 다른 길로 쉐네베르크 지역을 지나가기로 했다.

돌아가는 길이 영 꺼림칙했고, 그런 느낌은 미신이 아니었다. 나는 늘 목표 지점에서 머물거나 그곳으로 갔던 길을 다시 가지 말고 곧바로 다른 길을 찾아야 한다는 생각이 강했다. 쉐네베르크의 하우프트 가에서 아는 건물을 지나게 되었다. 그 건물 3층의 방 두 개짜리 집에는 아우구스트 베벨이 살고 있었고, 얼마 전 우리는 그 집을 찾아가 베벨에게 한 번의 강연을 맡기는 데 성공한 적이 있었다. 당시 베벨은 우리를 친절하고 적극적으로 맞아 주었지만, 지금은 그런 편안한 방문을 할 기분이 아니었다.

에버스 가를 지날 때는 슈타이너 박사 댁의 여성들에게서 들은 이야기가 생각났다. 귀에 익어 거의 아는 사람 느낌이 드는 시인 루트비히 야코봅스키 박사가 에버스 가 정거장 가까운 어딘가에 살고 있고, 대접받은 "시인의 파이"는 정거장 곁 제과점에서만 만들고 판다는 것이었다. 그래야 하겠다는 마음이 있는 것도 아니었지만, 우리 발걸음은 자연스레 그 제과점으로 향했다. 그 정거장에서도 돌아가는 차를 탈 수 있었다. 제과점 진열창에는 눈에 띄는 것이 없었지만, 우리는 어느새 상점 안으로 들어갔다. 점원들은 이미 문 닫을 준비를 하느라 바닥을 닦고 있었다. 뒤늦게 들이닥쳐 다른 것도 아니고 "시인의 파이"를 달라는 손님에 점원들은 좀 놀란 눈치였다. 여자 점원은 당황하는 기색을 추스르더니, 오늘 준비한 "시인의 파이"는 품절이고, 어차피 그것은 단골한테만 판다고 설명하고는 문 뒤쪽 아주 안락해보이는 공간으로 사라졌다. 그냥 가야 할지, 아니면 뭔가 얻어갈 수 있을지 모르는 우리 앞에 잘 차려 입은 남자가 나타나더니, 우리더러 어디서 왔고 어딜 가는 길인지 물었다. 이때다 싶어 슈타이너 박사를 들먹이자, 그 안락하게 보이는 공간으로 우리를 이끌었다. 대리석 탁자 몇 개를 붙여 놓은 그 카페에는 이미 일행으로 보이는 대여섯 명이 환담을 나누고 있었다. 남자는 그곳 탁자에 놓인 큰 그릇에서 잔을 꺼내 우리에게 건넸다. 무슨 마실 것을 줄지 짐작이 가지 않아서, 이것도 시인의 비밀 같은 게 아닐까 하는 상상을 했다. 손님들은 갖가지 화제를 늘어놓고, 사이사이에는 누가 시도 한 구절씩 읊었다. 화제라고 해봐야 자극적이고 진부한 뉴스들이었다. 우리는 일행 가운데 막차를 타기로 한 두 사람과 함께 제과점을 나섰다. 그 일행이 어떤 사람들이었는지 나중에 들었지만, 이름은 잊은 지 오래다. 슈타이너 박사에게는 그 이름들을 모두 말했지만 말이다.

사실 나는 그날 "시인의 파이"가 없었던 게 다행스러웠다. 그런 것을 산다는 건 나와는 어울리지 않는 일이었다. 오로지 아주 특별하거나 내용을 알 수 없는 것만이 나를 유혹했기 때문이다. 내가 돈을 주고 뭔가를 사는 것은 제과점이 아니라 서점에서나 할 수 있는 일이었다. 그 바로 전날 빌헬름 묄셰의 《새로운 계명들》이라는 단면인쇄물을 구입했다. 그것은 어느 서점 창문에 붙어 있던 것이었는데, 제과점에서 사는 물건보다는 훨씬 더 기대감이 큰 그것을 아직 읽어볼 여유도 없던 차였다.

*

그로부터 여드레가 지난 뒤 다시 루돌프 슈타이너 댁을 찾아갔을 때는 운이 좋았다. 마침내 그를 만난 것이다. 그 전날 저녁 늦은 시간에 그가 빈에서 돌아왔다. 사실 8일 안으로 슈타이너와 모든 것을 마무리한다는 구체적인 임무를 받은 상태였다. 그리고 그 임무는 쉽사리 완수할 수 있는 게 아니었다. 내가 절대로 양보하면 안 될 조건들이 붙어 있었기 때문이다.

그때까지 나는 슈타이너 댁에서 받은 것보다 친절한 응대를 경험한 적이 없었다. 그동안 교사나 강연자로 끌어들이기 위해 수많은 사람들을 만나보았지만 말이다. 남자든 여자든 간에 그들은 모두 정치적으로 우리와 가까웠고, 정치 행사나 선거 등에서 오랫동안 우리의 조력을 받은 사람들이었다. 하지만 그들을 둘러싼 분위기는 늘 찬바람이 돌았고, 그들이 내미는 손은 어쩐지 잘 훈련된 애완견의 발처럼 느껴졌다. 루돌프 슈타이너, 여성, 여성의 딸은 진심 어린 쾌활함과 열린 마음으로 사람을 대했다. 그 어떤 감정도 숨기는 사람들이 아니었다. 분위기는 언제나 변함없이 따스했다. 개성을 억누르지 않아도 안락하게 머물 수 있는 집이라는 느낌이 들었다.

누가 오든 슈타이너는 빠른 걸음으로 문으로 와서 악수를 청했다. 그에게는 그저 흔해빠진 손님 가운데 하나에 지나지 않은, 아니, 그 수준에도 못 미칠 나에게도 마찬가지였다. 더구나 내가 그에게 제시할 것이란 게, 내 생각에도 참으로 빈약했다.

마르고 강인해 보이고 군살이라고는 전혀 없는 그의 외형은 잘 훈련된 육상선수처럼 보이지만, 몸가짐은 또 전혀 그런 운동가의 느낌을 주지 않았다. 그렇다고 책상물림이라는 분위기는 조금도 풍기지 않았다. 변함없는 검은 정장에 같은 색의 넓적한 실크 밴드를 붙인 모습은 특별한 취향을 짐작하게 하지 않았다. 마르고 금욕적인 얼굴은 늘 사람 좋은 미소를 띠고 있었는데, 사람들과 인사를 나눌 때는 더욱 그랬다. 윗입술 바로 위의 청년같은 콧수염은 그에게 아주 잘 어울렸고, 매끈하게 뒤로 넘긴 머리처럼 단정하게 다듬어져 있었다. 또렷하고 쾌활한 눈에는 언제나 친절한 환영의 빛이 서렸다.

언제 그를 만나든 거북하지 않았다. 창가에 놓인 커다란 책상 위에는 늘 책과 서류 뭉치가 산을 이루고 있었다. 의자에 가까운 부분에만 종이 한 장을 펴 놓을 공간이 있었다. 그는 바로 그 공간에서 글을 썼다. 내가 방에 발을 들여놓기도 전에 그는 이미 일어서 있었다. 방문객에게 시간을 내어주기 위해 매번 하던 일을 멈추는 것이 그에게는 아무런 방해가 되지 않는 모양이었다. 말이나 몸짓, 초초해하는 행동으로 귀찮다는 마음을 내비친 적이 없었다. 그는 기꺼이 젊은 사람들의 감정, 희망, 그들이 되어야 하고 되기를 원하는 것에 대한 동경을 이야기했다. 잊혀졌든 현재 유명하든 작가의 이름이나 작품 제목을 대는 누구라도 그에 대해 잊을 수 없는 인상을 얻었음을 인정하게 되었다. 슈타이너는 결코 자신의 견해를 수정하지 않았다. 나는 그 댁의 부인, 그리고 그 딸이 슈타이너와 어떤 관계인지 여전히 몰랐다. 그래서 직접 말을 걸 수가 없었고, 그런 상황이 늘 조금은 곤란했다. 그와 마찬가지로 두 여성도 너그럽고 사랑스럽게도 친절했다. 아무리 봐도 결혼으로 이어진 사이는 결코 아닌 듯했다. 서로를 대하는 태도는 마치 자로 잰 듯 언제나 일정했고, 적당하고 원만한 거리를 유지하는 것으로 보였다. 그렇게 관계의 저울은 늘 균형을 유지했다.

이전처럼 이번에도 금방 커피 머신이 식탁 위로 올라왔다. 커피가 만들어지는 과정이 눈에 보이지 않았으므로, 혹시 석탄을 사용하는지 내가 물었다. 그러자 언제나처럼 식탁의 좁은 면에 앉아 책상 바로 곁에서 창문을 향하도록 자리를 잡은 루돌프 슈타이너가 그렇지 않다면서 웃었다. "석탄은 증기, 알코올은 정신이랍니다." 그의 말에 자극을 받아, 나는 국립도서관에 금빛 글자로 박힌 "누트리멘툼 스피리투스Nutrimentum Spiritus"("정신의 양식")라는 구절을 베를린 사람들이 "술도 양식"이라고 번역한다는 이야기를 했다. 그 말에 그는 유쾌하게 웃었다. "거 참 제대로 베를린 사람답군요!" 그러고는 빈 사람들의 특성 몇 가지를 나열했다.

부인이 재빠른 동작으로 곁의 작은 탁자에서 헝겊 인형을 가져왔다. 그 인형은 늘 나의 시선을 끌었다. 인형의 종류와 의미가 독창적이라는 느낌을 받으면서도 그게 정확히 어떤 모양인지 몰랐기 때문이다. 천장에 달린 등 바로 아래에 놓인 인형을 보고서야 나는 그것이 루돌프 슈타이너 박사의 모습을 정교하게 본떠 만든 인형임을 알아차렸다. 부인이 인형의 검은 외투 깃을 걷어 올리자 술병이 나타났다. 인형은 야코봅스키 박사한테 받은 생일 선물이며 술은 프랑스 코냑이라고 부인이 설명했다. 결국 인형의 온몸이 "정신"인 셈이었다.

당시는 내가 다윈의 진화론을 읽을 만큼 자연주의의 시대였다. 나는 마르크스와 그의 해설자인 카우츠키, 루트비히 뷔히너를 읽고, 프리드리히 알베르트 랑에가 쓴 《유물론의 역사》를 내 능력을 다해 공부했다. 온몸이 정신이라니! 그건 좀 색다른 이야기였다. 그리고 그런 사람이 바로 루돌프 슈타이너 박사였다.

나는 제대로 한 대 얻어맞은 듯 생각에 빠져들어 잠시 내가 있는 곳을 잊었다. 부인이 따른 커피와 과자를 아무 생각 없이 받으면서, 나는 비로소 무아지경에서 빠져나왔다. 슈타이너가 강의가 언제 시작되는지 물었다. 그 말에 나는 깜짝 놀랐다. 그때까지 어떤 것도 합의한 적이 없는데도 그는 너무나 당연하다는 듯이 자신이 해야 하는 강의 이야기를 꺼낸 것이다! 우리가 그의 결정을 묻자, 그는 제안을 받아들이기로 했다고 말했다. 운영위원들 앞에서 우리는 그가 교사 자리를 받아들일지, 그럴 사정이나 될지, 그리고 무엇보다 시간을 낼 수 있을지, 또 가장 중요한 안건인 학교의 사례 조건에 그가 만족할지 모르겠다고 걱정을 늘어놓았던 것이다. 나는 좀 불안한 심정으로, 학교의 한 과정은 토론과 질의응답을 포함해서 두 시간씩 10회에 걸쳐 저녁에, 그것도 되도록 목요일 저녁에 진행된다고 설명했다. 목요일이면 "미래인" 모임과 겹친다는 부인의 지적에, 슈타이너 박사가 이의를 제기했다. "그 모임은 이제 그만두기로 야코뵵스키와 의견 일치를 보았어요." 그러면서 처음에는 일단 저녁 10시가 지나야 학교에 갈 수 있다고 했다. 나는 한 과정, 열 번의 강의는 3개월에 걸쳐 진행되며, 7월에서 9월까지 여름 석 달 동안은 방학이라고 알렸다. 그리고 이어지는 세 과정의 강의 주제는 차례대로 프랑스 혁명사, 프랑스 혁명 후의 독일, 독일 혁명사였으면 한다고 전했다. 그런 다음, 한 과정에 대한 사례는 이제껏 늘 80마르크였으며, 별도로 하는 강연은 최근에 회당 12마르크로 정해졌다고 조심스레 덧붙였다. 아마도 모든 교사가 각 분기에 두 번의 강연을 하게 될 것이며, 저녁에 열리는 예술 행사를 위한 해설 강연의 사례는 출연자들과 마찬가지로 50마르크를 받게 된다는 이야기도 했다.

슈타이너는 사례 이야기에 전혀 관심을 보이지 않았다. 유일하게 물어본 것은 강의가 시작되는 시기였다. 나는 예정된 날짜를 알려주고, 강의 시작 전에 확인을 위한 연락을 한 번 더 드리겠노라 했지만 그가 사양했다. 내색하지 않지만 단호한 어조로, 예정이 달라질 일은 절대로 없을 것이라고 말했다. 강의 일정이 확정되어 있고 또 그렇지 않기를 바라지만 혹시 그 일정에 변화가 생기지만 않는다면 다시 연락할 필요는 전혀 없으며, 목요일 열 번을 건너뛰지 않고 이어서 갈 것이라고 했다.

그때까지의 경험 때문에 내게는 그의 이런 확실한 승락이 너무도 갑작스런 일이었고, 그 바람에 좀 얼이 빠져 바로 작별인사를 했다. 건네주는 모자를 받아 들고 현관까지 배웅을 받았다. 그 길로 바로 정거장에 가서 귀가할 수는 없을 것 같았다. 카이저 가를 따라 내려가다가 슈테글리츠로 가는 길로 접어들었다. 포장도 되지 않은 좁은 길이었다. 해가 지는 장관에 잠시 눈길을 주고 있으니, 얼마나 많은 시인들이 이 자연의 기적을 표현하려고 애를 썼을까 하는 생각이 들었다. 하지만 머리 속에는 온통 세 학기 강의를 하겠다는 승락, 그리고 별도로 확인하지 않아도 절대 다른 변동 없이 제때 시작할 것이라는 다짐의 목소리만 가득했다. 그리고 무엇보다 "온몸이 정신"이라는 말이 머리를 채웠다. 정말 그랬다. 그에게서는 정신이 온몸을 지배하고 움직이는 모습, 모든 것을 뒤덮는 정신의 광채가 보였다.

처음 다니기 시작해서 낯설기만 한 전차의 요란한 소리가 내 귓전을 때리며 지나갔다. 내가 선로에 너무 가까이서 있던 탓이었다. 그런 내 모습에 지나가는 사람이 소리를 지르는 바람에 나는 비로소 제정신이 돌아왔다.

IV

슈타이너 박사의 첫 강의가 다가왔다. 그 사이에 달리 변동이 없어 나는 안도했다. 경험이 적지 않은 운영위원장은 상당히 회의적이었다. 그렇게 단 한 번의 도끼질에 나무 그루가 넘어가는 일은 그 동안 겪어보지 못했으니 그랬다. 그리고 루돌프 슈타이너 박사가 바이마르의 괴테·실러문서고에서 일했다는 것은 알았지만, 왜 그곳을 그만두었는지는 몰랐다. 괴테전집 발행이라는 어마어마한 프로젝트에서 괴테의 자연과학 저작들을 맡아서 작업했던 거목이 노동자학교의 역사 교사 자리를 받아들인 것도 그랬다. 《자유의 철학》을 써서 주목을 받은 사람이라는 것은 알았지만, 우리 가운데 누구도 그 책을 읽지 않았다. 그런 것보다 우리가 아는 것은 그가 로스토크 대학에서 박사학위를 받았다는 사실이었다. 로스토크 대학이라면 그라이프스발트 대학과 더불어 별로 고생하지 않고도 확실하게 학위를 받으려고 가는 곳이 아닌가.

학기가 끝나자마자 처음 나선 내가 세 학기를 맡을 강사를 구했다는 사실을 두고 운영위원회 위원들 사이에서는 나도 모르게, 또는 내 귀에도 들어올 정도로 대놓고 못 미더워 하는 소리가 오갔다. 그들을 더 놀라게 한 것은, 몇 번이고 이야기가 오가는 동안에도 내가 시종일관 성과를 확신해서 흔들리지 않는 태도였다. 사람들이야 뭐라 하든 나는 흔들리지 않고 첫 겨울학기의 학사일정에 다음과 같이 강의 주제를 올렸다.

II. 역사
프랑스 혁명, 그 원인과 나폴레옹 등장까지의 과정
강사: 루돌프 슈타이너 박사

소수의 문예인들 말고는 베를린에서 슈타이너를 아는 사람은 없었다. 그래서 다른 강좌에 비해서 수강자가 더 많아진 것은 강의 주제 덕분이라고 생각할 수밖에 없었다. 작은 강의실만으로는 학생들을 모두 수용할 수 없었다. 다른 곳에서 의자를 가져와 강의실에 넣다 보니, 필기할 책상이 없는 학생도 적지 않았다. 강의 시간이 10분, 5분 앞으로 점점 다가오면서, 우리는 불안해졌다. 슈타이너가 대학 강의처럼 정각에서 15분 지나서 시작하는 것으로 생각했을지도 모른다고 서로들 위로했지만, 노동자학교에서는 모든 일정이 정각에 시작했다. 그리고 이곳의 강의는 대학과는 달리 정각에 시작한다는 이야기를 그에게 했느냐는 동료들의 추궁에, 이야기하지 않았다고 고백할 수밖에 없었다. 타지 사람인 슈타이너가 그새 베를린의 복잡한 교통에 익숙해졌을 리는 없다는 생각에 적어도 첫날은 내가 댁으로 가서 동행하겠다고 제안했었다. 하지만 그는 나의 제안을 단호하게 물리쳤다. 반은 농으로, 그러면서도 뭔가 의미심장하게, 자신은 이미 오래 전에 성년이 되었다고 대답했던 것이다. 8시 2분 전, 마침내 그가 활기찬 모습으로 강의실 문 앞에 모습을 드러냈다. 그를 기다리던 사람들이 안도하는 얼굴로 그를 반기고 있다는 것을 그는 분명 눈치챘을 것이다. 그래서인지, "약속시간을 잊을 리가 있나요." 하고 지나가는 말처럼 한 마디 던졌다. 그가 함께 지내는 모녀도 동행했다. 형식을 따지지 않는 그답게

서로 통성명을 하는 절차는 생략되었다. 동행하신 분들은 등록하지 않아도 된다는 우리의 말에도 불구하고, 그는 등록 용지 두 장을 청해서 자신이 직접 써 넣었다. 구체적인 설명 없이 쓴 등록 용지의 분명하고 깔끔한 글에서 우리는 그 모녀가 안나 오이니케Anna Eunike 모녀란 사실을 알게 되었다. 그 뒤로도 그는 언제나 두 여성과 동행했다. 절대로 앞에 나서지 않는 탓에, 우리가 모녀와 이야기를 나눌 기회는 없었다. 두 여성의 태도는 슈타이너 박사에 대한 지극한 존경에서 나오는 것이었다. 바이마르 시절에 알게 된 슈타이너라는 인물의 무게가 그들을 완전히 뒤에 물러서 있게 만들었다. 또 그런 존경으로 인해 모녀는 박사와 함께 베를린으로 이주했다. 부인과는 몇 번 이야기를 나눌 수 있었다. 하지만 슈타이너 박사의 면전에서는 감히 입을 뗄 수 없다는 듯, 부인의 딸은 한 번도 대화에 끼어들지 않았다. 했다. 모녀의 태도는 슈타이너 박사라는 인물 곁에서 자신들을 너무나 하찮게 느끼기 때문이 아니라 오로지 그의 말을 경청하는 데 머물겠다는 존중의 마음 때문임이 분명했다.

  강의실 앞에서 인사를 나누고 등록 용지를 채우느라 2분을 보낸 다음, 슈타이너는 작은 책상 뒤에 놓인 교단에

섰다. 그리고 잠깐 학생들에게 시선을 보낸 다음에 입을 열었다. 그의 손에는 메모지 한 장이 없었고, 그런 상태로 두 시간 내내 강의를 진행했다. 그 모습에 간간이 경탄의 소리가 나왔다. 그리고 동료들 사이에는 우리가 엄청난 지식과 역사의 세세한 부분까지 새겨진 기억력을 가진 사람을 모셨다는 의견이 생겼다. 그래서 한 번 그의 얼굴을 보거나 이름을 들은 사람이면 절대 잊지 않게 되었다.

이 첫 시간에 우리는 뭔가 배울 것이 있는 강의임을 알아차렸다. 하지만 슈타이너 박사는 가르치는 데 필요할 때만 자신의 탁월한 지식을 느끼도록 했다. 그는 내면적인 온기를 담아 이야기했다. 그래서 그가 하는 말은 그의 인품에 사로잡혀 귀를 쫑긋 세우고 집중하는 학생들에게 자연스럽게 흘러들었다. 강의를 끌어가는 그의 기술은 강한 말로 사람들에게 파고드는 방식에 의존하지 않았다. 그는 시대, 정황, 연관관계를 밝혀 설명함으로써 학생들이 역사를 이해하도록 이끌었다. 역사적 사건들에 영향을 미치고 방향을 좌우하고 동인으로 작용한 여러 정신적인 힘을 보여주고, 역사 안에서 조류를 이루어 그 흐름을 자극한 원천들을 들여다보게 했다. 우리는 그를 강사라고 소개했지만, 그는 수업을 한다기보다는 자극하고 일깨우는 사람, 그리고 교사였다. 그는 제자를 얻거나 동조자와 추종자를 모으는 사람이 아니었다. 그는 자신의 지식을 나누어주는 사람, 사람들에게 판단하는 능력을 깨워주는 사람이었다.

강의가 끝을 향하면서 어조는 조금씩 높아졌지만, 그는 별다른 몸짓이 필요하지 않았고 강조하는 말도 없었으며, 목소리가 뚜렷하게 커지지도 않았다. 깔끔하게 뒤로 넘긴 머리가 가끔 흐트러져 얼굴을 가려서, 간결한 손짓으로 다시 제자리로 되돌려 놓았다. 그의 강의 진행은 시계처럼 정확했다. 마칠 때가 되자 흐르듯 이어지던 강의의 흐름이 차츰 잦아들면서 그의 말에 담긴 강렬한 열기가 급작스레 누그러졌다. 그리고 특별한 언급 없이 강의를 마치고는 연단에서 훌쩍 뛰듯 내려와서 두 여성 쪽으로 갔다. 그는 시계를 볼 필요가 없는 것처럼 보였다. 학교에 왔을 때는 언제 시작해야 할지 알았고, 강의 중에는 정해진 시간이 언제 끝나는지 정확하게 짐작했다. 그날 저녁 첫 강의에서 슈타이너 박사는 학생들을 완전히 사로잡았다. 그날 그는 거대하고도 모든 것을 갖춘 교사였고, 우리는 모두 그에게 빠져들었다.

*

 매번 강의가 끝난 다음에 이어지는 휴식시간에는 운영위원회가 다른 행사를 알렸다. 첫날의 휴식시간에 나는 학생 담당 대리인으로 선출되었다. 대리인은 교사, 학생, 운영위원회 사이의 연결고리가 되어 각 파트의 희망 사항과 제안을 받아들이고 전달하는 역할이었다. 참석자 카드는 제출된 신청서에 따라 배부되었다. 그래서 나는 예외 없이 오이니케 부인과 딸에게 다가갔다. 그러자 슈타이너가 조끼 왼쪽 호주머니에서 모로코 가죽의 길고 좁은 지갑을 꺼내어 두 여성을 위해 수강료를 지불했다. 회계를 맡은 작고 어린 여직원이 슈타이너 박사에게 말을 걸자, 그는 그 뒤로도 언제나 그랬듯 기꺼이 응했다. 회계는 적어도 그 사실은 알려야 한다고 믿었는지, 조끼 호주머니에서 지갑이 쉽게 빠질 수 있다고 말했다. 그러자 "나한테는 그럴 일이 없을 겁니다." 하고 대답했다.

 모든 강의에서 그렇듯 휴식시간 다음에 토론이 이어졌는데, 그날은 다른 강의보다 훨씬 열띤 토론이 벌어졌다. 슈타이너는 ― 여기서부터는 내가 메모한 그의 말이다 ― 볼테르와 루소에 의한 획기적인 정신 운동을 프랑스 혁명의 선구자로 들었다. 볼테르가 세상을 떠났을 때 교회는 그의 장례를 거부했지만, 혁명은 그의 유해를 장엄한 예식과 더불어 판테온에 안치했다. 그는 자신이 쓴 저작 때문에 박해 받고 투옥되었지만, 그 저작으로 기존의 권력을 초토화시켰던 것이다. 이 일에서 문학과 종교와 정치의 관념이 완전히 바뀌는 데 초석을 놓은 것은 인간의 건강한 이성이었다. 볼테르가 대변한 정신은 혁명을 통해서 발현하여 주도권을 쥐었다. 몇 가지 일에서 볼테르는 일관성을 잃고 경박하고 오만한 모습을 보이기도 했지만, 혁명은 종래의 권력을 가차없이 공격한 그의 모든 저작을 통해서 권력에 맞섰다. 루소는 그 절대성과 사람의 마음을 끄는 힘으로 인간 천성의 자유로운 발달이라는 견해를 선포함으로써 자신을 당대 가장 위대한 정신 혁명가의 자리에 올려 놓았다. 그가 쓴 《에밀》은 무엇보다 강한 의지를 갖춘 인간을 기른다는 교육의 기본 이념에서 혁명적인 역할을 해냈다. 그는 향락적인 기생층을 비난했고, 사유재산 제도에서 모든 악의 원인을 보았다. 기존 상황을 맹렬하게 비판하는 《사회계약론》은 혁명의 교과서가 되었다. 그는 모든 인간의 평등과 자유가 자연에 의해 주어진 것이라고 주장했다. 그의 저작에는 무신론적이라는 꼬리표가 붙었고, 루소는 체포를 피해 달아나야 했다.

이 모든 것이 강의가 끝난 뒤에 이어진 토론에서 갑론을박하며 나온 이야기였다. 정신적 인식 그리고 그것이 역사의 전개에 미친 영향의 탁월한 의미를 말하는 슈타이너의 견해에 대해 이십 대 초반의 젊은 식자공, 점원, 도배공들이 자신들의 확고한 신념에 따라 이의를 제기했다. 카를 마르크스를 읽으며 열정적으로 연구해서 받아들인 그들에게는 의식이 존재를 결정하는 것이 아니라 존재가 세계를 움직이는 원칙으로서 의식을 결정한다는 명제, 그리고 점점 심해지는 대중의 빈곤화가 기존 질서의 붕괴를 초래한다는 명제가 진리였다. 이에 대한 반론으로 슈타이너는 역사의 여러 지점에서 일어난 획기적인 사건들의 원천과 완성이 대부분 의식 안에 있음을 보여주었다. 그것은 건물을 짓기 전에 건축가가 먼저 설계를 하고 미개한 사람들이라고 해도 누울 곳에 기둥을 세우기 전에 마음 속으로 장소와 모습을 계획하는 것과 마찬가지로, 의식은 훨씬 먼저 존재를 형성하거나, 아니면 의식이 존재에 속하는 것이어서 그 둘이 함께 형성된다는 이야기를 했다. 슈타이너 자신도 마찬가지로 오늘 받아들인 이 과제가 사람들에게 얼마간의 지식을 흩뿌리거나 그들의 두뇌 안에 지식 창고를 지어주는 것이라고 보지는 않으며, 그보다는 의지와 정신이 가진 여러 힘에 대한 확신을 바탕으로 사람들로 하여금 스스로 생각하도록 이끌고 깊이 사유하는 능력을 일깨우고자 한다고 말했다. 시대의 요구를 알아내고 그것을 실현할 방법을 찾아내는 능력이 우리 안에서 깨어나야 한다. 지나가버린 시대에 만들어져 지금까지 유지된 낡은 사회 질서는 개혁되어야 한다, 카를 마르크스의 말을 빌리자면, 세계를 해석하는 것으로는 충분하지 않고, 세계를 바꾸어야 한다, 이로부터 변화를 위한 인식을 얻고 정신의 힘과 확고한 의지를 펼쳐나갈 필연성이 등장한다, 속되게 표현하자면, 머리를 혁명해야 한다는 것이다, 등의 이야기를 했다. 그리고 토론을 마무리하면서 그는 프리드리히 뤼케르트Friedrich Rückert를 한 구절 인용했다.

"먼저 존재가 있어서 그 후에 존재를 사유하는 것이 아니라,
사유에 의해 비로소 존재가 만들어진다.
사유가 존재에 앞선다는 것이 드러난다.
창조자의 사유가 창조의 내적 원인이라는 것에서도."

그런데 그의 이런 생각과는 다른 일이 있었다. 슈타이너

는 희곡을 써서 연극 무대를 정복한 마리 오이게니 델레 그라치에라는 빈의 시인을 존경하는 마음에서, 델레 그라치에를 유명하게 만든 프랑스 혁명 소재의 연극 〈로베스피에르〉의 대본에서 뽑은 구절을 강의 말미에 늘 읽었다. 슈타이너 박사의 견해와는 완전히 반대로, 이 여자 시인은 하층민의 처참한 빈곤을 광범위하게 묘사하면서 이 극심한 빈곤이 반란으로 이어지는 과정을 보여준다는 사실이 우리를 무척 놀라게 했다. 누더기를 걸친 걸인들, 구걸하다가 귀족의 사륜마차에 치여 죽은 아이, 난쟁이인 데다 곱사등이인 더러운 길거리 악사, 늘어진 턱 주름에 과장되게 화장한 매춘부, 거적을 걸치고 악취를 풍기는 가난, 똑같은 얼굴 주름에 대대로 굶주림에 시달린 눈매를 한 사람들의 무리, 버림받은 자들의 행렬이 기마병들을 무너뜨리고 길가에 선 몇몇 볼테르와 루소의 제자들을 조롱한 다음 왕궁의 넓은 문을 들어선다. 그리고 그들을 이끄는 힘은 오로지 굶주림과 빈곤이다. 이렇게 델레 그라치에의 연극은 그야말로 단 하나의 디테일도 놓치지 않은 극도의 사실주의 그림이었다.

그날 밤 우리는 베를린 거리 이곳저곳을 쏘다니면서 오랫동안 그런 현상을 두고 이야기를 나누었다. 이미 첫날 저녁에 빈자를 위한 교사가 되겠다는 그의 의지를 보고 존경하게 된 사람이, 그토록 정신의 힘을 강조하면서 자신의 주장을 전투적으로 선언한 바로 그 슈타이너 박사가, 어떻게 물질만을 숭배하며 배를 불리는 시를 소개할 수 있단 말인가. 우리는 티어가르텐을 가로질러 노이어제 Neuer See 호수에 이르렀다. 그리고 온화한 여름 밤에 그 곳 벤치에 앉아 이야기를 나누었다. 나는 확실히 알게 되었다. 고차원의 정신 세계를 이야기한 것만큼이나 슈타이너는 모든 물질적인 관점을 혐오한다는 사실, 그리고 바로 그렇기 때문에 그토록 기꺼이 우리의 교사가 될 수 있었다는 사실 말이다. 우리는 그를 제대로 인정할 줄 몰랐지만, 그는 완전히 몸으로 하는 노동이든, 문화나 예술 또는 전혀 다른 차원의 의미 있는 출판이든, 우리가 하는 모든 일을 소중하게 여겼다. 그는 자주 카를 마르크스의 저작에 관한 이야기를 했는데, 그때마다 그의 말에는 그 저작에 대한 깊은 인정이 배어 있었다. 그 저작은 역사상 거의 전례없이 전 세계로 널리 퍼져나가, 그때까지 아무런 관심 없이 그저 살아가기만 하던 많은 사람들을 일깨워 의미 있는 노력으로 인도했고, 태어나서 죽을 때까지 이어지는 맹목적인 생존으로 인해 과거로부터 이어져온 낭만주의에서 세계를 향해 열린 정신들이 추방당한 이 세상에 동경과 희망을 보여주었다. 그래서 그에게는 마리 오이게니 델레 그라치에의 문학 또한 그가 경탄하는 하나의 업적이자 탁월한 재능의 표출이므로, 비록 그 외면적인 기본 성향이 그와는 맞지 않음에도 불구하고 그 영향을 우리에게 알려주지 않으면 안 된다고 생각한 것이다.

V

두 번째 강의를 기다리는 마음에는 얼마간 긴장이 섞여 있었다. 지난 시간에 마르크스 저작의 추종자들은 슈타이너를 심하게 몰아세웠고, 그만큼 슈타이너도 점잖으면서도 단호하게 대응했기 때문이었다. 그래서 이제 그가 어떤 자세를 취할지를 두고 사람들은 생각이 많아져 열띤 논쟁을 벌였다. 그 가운데 의견의 일치를 보기로는 유물론적 견해에 대한 반박이 워낙 노련하고 능숙한 데다 근거마저 단단해서 유물론 추종자들의 반격이 아주 곤란할 것이란 예측이었다. 다음의 원숭이 이야기는 슈타이너가 사람들을 즐겁게 하느라 던진 이야기였다. "쇠사슬에 묶인 어느 원숭이에게 바나나를 던졌어요.

그런데 바나나가 너무 먼 곳에 떨어지는 바람에 쇠사슬의 길이가 충분하지 않았지요. 그런데 마침 막대기가 하나 있어서, 원숭이는 막대기로 맛있는 간식을 얻을 수 있었습니다." 그러자 어느 학생이, "막대기가 있었다는 것, 게다가 그것이 원숭이가 잡을 수 있는 거리 안에 있었다는 것이 원숭이로 하여금 먹이를 얻게 한 것입니다." 하고 말했다. 그러자 슈타이너가 반박했다. "적어도 원숭이는 그 막대기를 도구로 사용할 수 있다는 사실을 이해할 만큼의 지적 능력이 있어야 할 것입니다. 게다가 바나나가 아니라 코코넛에 두꺼운 껍질이 생기는 바람에, 마르크스의 주장대로 조금만 노동을 하면 열매를 먹을 수 있게 된 겁니다." 원숭이 이야기에 우리는 유쾌해졌다. 학생 중에는 몸이 불구이고 키가 작은 재단사가 있었는데, 고아원에서 노동자학교를 다니는 이 친구가 원숭이 이야기를 소재로 소네트 한 편을 지어 돌렸고, 슈타이너도 이를 무척 재미있게 읽었다. 이 재단사는 구노의 "아베 마리아"도 소재로 삼아 자유분방한 세속 이야기로 만들었는데, 그 글만은 아주 비밀스럽게 숨겨두고는 가장 가까운 사람들에게만 보여주었다.

슈타이너 박사는 두 번째 강의에도 그 전후의 모든 강

의와 다를 바 없는 모습으로 나타났다. 온화한 미소를 띤 채 강의실에 들어와서는 우리의 환영인사를 기다리지 않고 먼저 인사말을 던졌다. 이 인물이 하는 간단한 일상의 표현에 압박이나 근심이란 없고 그 어떤 불편한 만남이나 분노의 흔적도 섞여 있지 않은 것이 늘 우리 마음을 편안하게 만들었다. 전차를 타고 가는 중에 불친절한 차장이 와서 이유없이 그를 구석 자리에 앉혀도 그냥 받아들일 사람이었다. 그는 마음 불편해질 일에서는 거리를 두었다. 그런 것은 그에게 더 왈가왈부할 것도 없이 끝난 일, 소용없는 일이었다.

두 번째 강의에서는 토론이 이루어지지 않았다. 슈타이너는 이를 대단히 아쉬워하면서, 각자의 견해 표명이 막히는 것을 원치 않는다고, 그리고 누구라도 하고 싶은 말을 억누를 필요가 없다고 말했다. 시인 마리 오이게니 델레그라치에에 관한 단 한 가지 질문이 제기되었을 뿐이다. 슈타이너는 역사 강의가 샛길로 빠져 문예좌담으로 흘러가기를 원치 않는다는 뜻을 밝혔다. 그러고는 나중에 언제라도 이 여전히 중요한 작가, 그럼에도 사람들에게 서자처럼 부당한 대우를 받는 작가 이야기를 다시 할 것이라고 말했다. 일단은 강의 말미에 늘 그의 훌륭한 서사《당통과

로베스피에르》에 실린 노래를 하나씩 소개할 텐데, 이 서사는 우리의 강의 주제와 깊이 연결되어 있을 뿐 아니라 이 작가가 프랑스 혁명의 각 시기를 어떻게 보는지 그 안에 잘 드러난다고 설명했다.

그날 귀갓길에는 우리 가운데 대여섯 명이 역사 선생님과 동행했다. 고운 빗줄기가 얼굴을 적셨다. 우리와 즐겁게 이야기를 나누는 슈타이너는 비 따위는 아랑곳하지 않는 듯했다. 우리가 뭐든 책 한 권, 연극 한 편만 언급하면, 그는 엄청나게 깊고 넓은 이야기를 해주었다. 베를린에서 발행되는 사민당 기관지 〈전진!〉에는 서부 베를린에서 나온 소설이 실렸다. 경리로 일하는 나이 어린 여성이 그 소설을 두고 얄팍하고 내용이 없어서 비르히 파이퍼Birch-Pfeiffer스타일이라는 이야기를 했다. 슈타이너는 재주 많은 클라라 피비히Clara Viebig가 저기 저 채소가게에서 하녀 세 명의 대화를 엿듣고는 그 이야기 한가운데에 보조 미용사 한 사람을 넣어 소설 한 편을 엮어냈다고 말했다.

그러는 사이 우리는 슈피텔마르크트Spittelmarkt에 이르렀다. 변두리를 포함해서 도시 전체를 자신의 맥줏집으로 뒤덮은 아싱어Aschinger라는 사업가가 이곳에 첫 번째 카페를 열었다. 초록과 황금색 무늬로 유치하면서도 조금 우아하게 장식한 그곳은 제대로 된 대중적인 카페로, 아주 좋은 제품을 적당한 가격에 내놓아 1호점의 수준을 유지하는 덕분에 많은 베를린 사람들이 좋아하는 장소였다. 그곳에서 슈타이너는 시인 마리 오이게니 델레 그라치에를 주제로 우리만을 위한 문학 강의를 했다. 시인은 헝가리에서 태어났지만 베네치아 집안이었다. 18세에 첫 시집을 냈다. 청소년다운 몽상으로 가득했지만 재능이 엿보이는 작품들이었다. 빈에서 얻은 교사직은 건강 문제로 포기해야 했다. 예술적인 자극을 받아들이는 데는 언제나 관대한 빈이라는 도시는 델레 그라치에가 문학적 재능을 펼칠 수 있도록 시간과 물질적 바탕을 제공했다. 슈타이너는 그녀에게서 커다란 서사문학적 재능을 보았다. 슈타이너의 말을 새겨들으면, 델레 그라치에가 빈의 문학계에서 최상위의 자리를 차지했다는 생각이 들었다. 집시 세계와 농촌의 생기 넘치는 여성상들을 담은 이야기에서 그녀는 탁월한 구성력을 보였다는 것이다. 델레 그라치에는 궁정극장에 작품을 올리고 문학계 전체로 하여금 귀를 기울이게 한 유일한 여성이었으며, 《탄갱가스》라는 사회비판적 희곡으로 당대 연극계의 정상에 올랐다.

슈타이너는 숨길 수 없는 내적 온기와 감동하는 마음을

담아 우리와 대화를 나누었다. 그러다가 카페가 문을 닫는 바람에 우리는 어쩔 수 없이 밖으로 나와서 슈피텔마르크트를 가로지르는 승합마차를 타고 갖가지 생각과 자극을 품고 각자 집으로 돌아갔다.

*

그로부터 일 년 후, 마리 오이게니 델레 그라치에를 주제로 노동자학교에서 작품 낭송회와 좌담회가 열려 시인에 대한 관심이 높아진 가운데, 베를린 "자유민중극장"은 《탄갱가스》를 무대에 올렸다. 당시 프로이센의 검열로 인해 그 작품을 공개적으로 무대에 올리는 것은 금지되어 있었다. 그런데 "자유민중극장"은 회원제 단체였기 때문에 검열의 대상이 아니었다. 극장의 회원이었던 우리는 어느 회원의 입장권을 존경하는 루돌프 슈타이너 박사에게 드렸고, 공연 당일 우리는 기대감에 차서 긴장한 채 무대 앞에 자리를 잡았다. 무대 위에서는 광산 노동자들의 삶을 그린 4막 연극이 펼쳐졌는데, 탄광 붕괴 사고로 갱 안에 갇힌 광부 몇 사람이 구조대의 작업을 기다리는 중에 다시 일어난 탄갱가스 폭발로 목숨을 잃는 것으로 막을 내렸다. 연극은 강렬한 장면과 극도의 무대 효과로 인상적인 규모와 처참한 비극을 보여주었다. 이 연극에서 작가가 인간이 겪는 고통의 충격적인 모습을 완성도 높은 예술로 그려낼 수 있던 것은, 아마도 병으로 인해 작가 자신이 겪은 절망의 경험과 문학적 재능이 합쳐졌기 때문일 것이다.

슈타이너는 우리가 내놓는 평가를 조용히 들은 다음, 문예적 완성도는 물론이거니와 오늘날 문학을 지배하는 사실주의 사조가 반영되었으며, 문학을 위한 사실주의의 과업은 이 정도로 성취되었으니, 이제는 필연적으로 새로운 길이 만들어져서 문학도 다른 목표를 추구해야 한다고 말했다. 문학과 연극의 힘, 그리고 우리에게 깊은 인상을 남기면서 생각에 빠지게 한 슈타이너의 평가에 사로잡힌 채, 우리는 말없이 헤어졌다.

슈타이너 박사의 강의에 이어지는 토론은 사실주의와 물질주의를 둘러싸고 뜨겁게 진행되면서도, 지나치게 격렬해지거나 정도를 벗어나지 않았다. 오로지 의견과 입장을 주고받는, 그래서 어느 쪽이든 만족하는 토론이었다. 슈타이너 박사는 대부분 현명하게 물러나서 청년 토론자들의 정신적 활력과 열린 자세를 기꺼워했다. 청년들은 지나치게 흥분하기보다는 개념과 통찰을 설명하려고 애썼다. 슈타이너는 개별적인 부분에서 개입했다. 예를 들면 이런 식이었다. 언젠가 학생 중 한 명이 브뤼셀의 봉기가 다니엘 오베르Daniel Auber의 오페라《포르티치의 벙어리 아가씨》의 공연을 계기로 일어났다고 주장했다. 이에 슈타이너가 우리에게 설명하기를, 물론 그 사건은 역사에서 전례가 없는 일이었으니, 오베르의 그 오페라가 "확실히 7월 혁명의 연극적 선구"라고 한 리하르트 바그너의 평가도 이해할 만한 것이다. 대본을 쓴 외젠 스크리브Eugène Scribe는 혁명을 원하는 민중의 분위기를 제대로 포착하는 재주가 있었다. 하지만 핵심은 혁명을 향한 민중의 지향을 깨워내는 것, 다시 말해서 이미 민중 안에 혁명의 의지가 있어야 한다는 것이라고 설명했다. 브뤼셀에서 그 오페라가 공연된 다음날 봉기가 일어나 홀란드인들이 벨기에에서 쫓겨난 것은 사실이다. 그래서 리하르트 바그너가 "이처럼 예술 현상이 세계사적 사건과 정확하게 연결되는 일은 거의 없는 일이다." 하고 말할 수 있었을 것이다. 하지만 기존의 질서를 바꾸겠다는 결연한 의지와 확실한 인식이 없다면 그런 움직임은 아무런 결과를 얻지 못할 것이라는 이야기였다.

  강의에 참석하는 학생들은 자연스럽게 두 그룹으로 나뉘었다. 학생들은 별다른 조직도 아닌 각 그룹에 긴밀한 유대감을 느끼고 있었다. 루테니아 출신의 젊고 유별나게 공격적인 친구는 둘 가운데 우리 그룹에 속했다. 그의 이름은 나흐티갈Nachtigall("밤꾀꼬리")이었는데, 실제로도 그 이름처럼 밤에도 자지 않고 돌아다니는 친구였다. 지멘스&할스케 사에서 기계공으로 일하는 그는 언제나 잔뜩 꾸미고 나타나 플레이보이인 듯 행세했는데, 완전하지는 않아도 틀림없이 그렇게 봐줄 수 있는 사람이었다. 그는 막스 슈티르너Max Stirner 이론의 열렬한 추종자였다. 슈타이너 박사도 강의 중에 슈티르너를 끌어들이곤 했기 때문에, 정신적 자극이라면 무엇에든 굶주렸던 우리 모두는 슈티르너의 저작 《유일자와 그의 소유물》 한 권씩은 레클람 문고판으로 가지고 있었다. 그 저작을 다루는 강의가 이어지고 토론에서도 머리에 연기가 나도록 갑론을박하게 되자, 슈티르너를 따르는 밤꾀꼬리에 동조하는 학생의 수는 아주 적어졌다.

숫자는 작지만 오히려 더 적극적인 이 그룹의 반대쪽에 금세 마르크스주의를 충실히 따르는 그룹이 만들어졌다. 이 그룹은 숫자가 훨씬 많았고, 같은 견해와 자세를 가졌으면서도 다른 그룹과 마찬가지로 구성원 사이의 유대는 느슨했다. 두 그룹은 아주 친밀하고 유쾌하게, 각자가 누구의 강제도 받지 않고 자유롭고 자연스럽게 어울렸다. 슈티르너 추종자들은 자기들끼리만 모이는 일이 많지 않은 데 비해 다른 그룹은 매주 정례모임을 가졌고, 일요일에는 함께 소풍을 가고 행사에 참석했다. 그리고 머지않아 이 그룹은 노동자학교의 조직상으로도 확고한 기둥이 되어 학교의 발전을 지지했고 열성적으로 활동하면서 학교 운영을 위한 회원모임에서도 적극적인 자세를 보였다. 또한 이 그룹은 슈타이너 박사의 강의를 듣는 사람들 안에서도 확고한 집단을 형성했다. 이 그룹의 구성원들은 이 일 저 일에 유별나게 나서는 자신들을 농담조로 "자코뱅당원"이라고 불렀고, 이 그룹에 끼지 않는 사람들은 이 별명을 비틀어 이들을 "리볼버 클럽"이라고 불렀는데, 두 별명 모두 똘똘 뭉쳐 여기저기 요란하고 적극적으로 나서는 이들의 모습을 제대로 표현한 것이었다. 어쨌든 이 그룹들은 모두 완전한 우정을 나누고 있었을 뿐 아니라, 그 인품과 지식 때문에 우리가 존경하는 슈타이너 박사와도 끈끈한 관계였다. 무슨 일이 있거나 무엇이든 궁금해지면, 우리는 그를 찾았고, 그러면 늘 상세하기 이를 데 없는 답과 설명을 들을 수 있었다. 조직적인 움직임 없이도 그때그때 사안이 있으면 이 "리볼버 클럽"은 프리츠 타르노 Fritz Tarnow

를 중심으로 모였다. 타르노의 그 특이한 인생 행로는 여기서 언급할 가치가 있다고 생각한다. 스무 살이 되던 해에 그는 초보 목수가 되어 베를린으로 왔다. 그리고는 곧장 노동자학교를 다니기 시작했고, 루돌프 슈타이너 박사를 따르는 무리에 속하게 되었다. 프리츠 타르노는 초등학교 졸업이라는 학력으로 인해 부족해진 지식을 얻으려는 욕구, 자신만의 판단력을 기르려는 맹렬한 욕구를 가진 사람이었고, 루돌프 슈타이너라는 인물에서 그 개성과 태도와 의지력을 따라할 모범을 발견했다. 여러 해 동안 자신의 능력을 키우기 위해 지치지 않고 노력한 끝에, 그는 다른 노동조합 간부들에 비하면 무척 어린 나이에 목공인조합중앙회에 들어갔고, 나중에는 그 산별노조의 위원장이 되었다. 전체노조대회에서 그는 곧 제1위원으로 뽑혔다. 1933년에는 어쩔 수 없이 이민을 갔지만, 1946에 다시 돌아와 베를린 영미구역의 전체노조 사무총장으로 선출되었다. 또 경제에 대한 폭넓은 지식으로 인해 프랑크푸르트 대학 노동연구소 강사가 되었다. 1951년 10월 23일, 71세를 일기로 세상을 떠났다. 대학 강당에서 치러진 그의 장례식에서는 노동자학교를 다니면서 루돌프 슈타이너 박사 아래에서 성공의 기초를 닦은 이 초보 목수 출신인 프리츠 타르노에게 주와 연방 정부의 장관들이 극진한 존경을 담은 추도사로 그의 일생을 기렸다. 이는 슈타이너의 강사 활동이 얼마나 의미 있는 일이었는지 보여주는 또 하나의 사례일 것이다.

"리볼버 클럽"은 슈타이너로부터 아버지가 자식에게 주는 듯한 관심을 받았다. 그는 클럽의 구성원들에게 많은 희망을 걸었고, 그의 기대에 부응하여 그들도 많은 것을 이루었다. 그들 대부분은 사회에서 특별한 위치에 올랐으며, 몇몇은 비중 있는 인물로 성장하여 현재 독일 재건의 선봉에서 일하고 있다. 그런 이들은 루돌프 슈타이너 박사와 그의 영향력 아래 일생 처음으로 의지와 인격을 세워나갈 기초를 배우고 자극을 받았다고 해도 과언이 아닐 것이다. 제1차 세계대전이 발발할 때까지 "리볼버 클럽"은 노동자학교에서 내면적인 성격을 이어갔다. 반면에 슈티르너 추종자들은 얼마 지나지 않아 흐지부지해졌다. 막스 슈티르너의 저작에 관한 별도의 공부는 초기부터 지지부진했다. 루테니아 출신인 나흐티갈은 독일을 떠났는데, 얼마 지나지 않아 신문에는 그가 스페인에서 무정부주의 운동과 암살예비음모 혐의로 추방되어 남미로 가는 배에 태워졌다는 기사가 나왔다. 그 후 그의 소식을 전하는 기사에는 아르헨티나가 그를 받아들이지 않았다는 이야기가 있었다. 우리가 슈타이너에게 그의 소식을 전하자, 그는 잠깐 미소를 보일 뿐이었다. 슈타이너는 루테니아 출신 청년에게 내내 별다른 기대를 갖지 않았던 것이다.

나흐티갈이 이탈하면서 그를 따라다니던 두세 명의 학생도 눈에 띄지 않게 되었고, 그 바람에 막스 슈티르너와 그의 저작에 대한 관심도 수그러들었다. 슈타이너는 시인 존 헨리 매케이와 여전히 밀접한 관계를 유지하고 있었다. 매케이는 《무정부주의자들》이라는 소설을 써서 완전한 무정부, 무국가 사회를 선전하고, 열정적인 글로 모든 기성체제의 전복을 외쳤으며, 막스 슈티르너의 추종자로서 그 저작을 새로 인쇄하기도 했다. 그렇지만 매케이는 사실 융통성이라고는 조금도 없이 꼼꼼하고 무뚝뚝한 인물로, 사람을 대하는 방식도 자신이 해오던 데서 조금도 바꾸지 않았다. 그래서 어느 해 7월의 비 오는 날에는 난방이 안 되어 자기 방 온도가 20도에도 미치지 못했다며 무정부주의자이며 제본업자인 집주인 여자를 욕하는 일도 있었다.

궁정지휘자로 지명되어 베를린에 온 리하르트 슈트라우스는 매케이의 시 몇 편에 곡을 붙였는데, 그 가운데는 반

체제적인 것들도 있었다. 민중극장은 매케이 작품의 밤을 개최했고, 파울리네 슈트라우스 데 아나Pauline Strauß de Ahna 가 남편 리하르트 슈트라우스의 피아노 반주로 매케이의 시를 노래했다. 음악회가 시작하기 전에 슈타이너가 존 헨리 매케이의 문학을 칭송하는 연설을 했다. 2천 명이나 되는 열정적인 관객이 참석한 음악회는 시인과 작곡가와 강연자를 빛낸 행사였지만, 매케이 자신은 나서지 않고 뒤로 물러나 있었다. 당시 활동을 시작한 지 오래지 않은 매케이나 슈트라우스는 아는 사람이 별로 없었기 때문에, 그날의 음악회를 이끈 주역은 슈타이너 박사였다. 슈타이너가 슈티르너를 따르는 학생들과는 적잖게 거리를 두고 있음에도 불구하고, 우리는 슈티르너의 추종자인 매케이와 친분이 있다는 이유로 그를 슈티르너 사상과 긴밀히 연결되어 있는 사람으로 여겼다. 정신적 자극에 대해 대단히 개방적인 사람답게 슈타이너는 슈티르너의《유일자와 그의 소유물》을 훌륭한 업적으로, 고집 센 머리에서 나온 뜻 깊은 작품으로 여겼지만, 더는 미룰 수 없는 세계의 개혁에는 전혀 의미 없는 것이라고 평가했다.

VI

당시에 사람들은 늘 등장하게 마련인 서로 다른 의견을 감정을 실어 날카롭게 내놓지 않았다. 의견충돌이 생겼을 때 상대방을 부당하게 험담하거나 증오를 담아 대하는 일은 결코 없었다. 사민당 집회에서는 구스타프 란다우어Gustav Landauer처럼 누구나 아는 무정부주의자든, 스스로를 무정부주의적 급진노조주의자라고 칭하는 프리데베르크 박사든 누구라도 자기 생각을 세세히 모두 늘어놓을 수 있었다. 그러면 사람들은 그런 이야기를 조용히 들어주고, 반론을 제기할 때도 최고의 예를 갖추었다. 나는 사민당 의원인 파울 징어Paul Singer와 함께한 대규모 집회를 기억한다. 그 자리에서 에리히 뮈잠Erich Mühsam

이 자신의 무정부주의적 견해를 바탕으로 징어를 반박하는 발언을 했다. 그러자 징어는 마치 어머니가 갓난아기에게 하듯 뮈잠을 사랑스럽게 감싸주었다. 에리히 뮈잠은 그 태도에도 불구하고 사민당의 풍자잡지 〈진실한 야코프〉를 만드는 주요 인물이 되어 매 호에 정치 풍자시를 실을 수 있었다. 그는 "자유민중극장" 축제를 위해 풍자극들을 쓰기도 했다.

마찬가지로 그 어느 특정한 부류로 분류되는 것을 허락하지 않는 슈타이너 박사도 노동자 조직들 안에서 열린 마음으로 자신을 따르고 자신에게 귀를 기울이는 청중을 만날 수 있었다. 베를린에서, 그리고 도시가 확장되면서 생긴 수많은 주변 지역들에서는 노조와 노동당의 엄청나게 다양한 지부들이 각기 독자적인 조직을 갖추고 만들어졌다. 그 모든 곳에서 루돌프 슈타이너는 문학, 자연과학, 교육, 문화를 주제로 하는 인기 있는 강연자였다. 서기 1600년 2월 17일, 조르다노 브루노는 정신의 자유를 옹호하다가 불과 52세의 나이로 로마의 폼페이우스 극장에서 화형을 당했다. 그의 300주기를 맞아 총체적 세계상을 추구하는 "조르다노 브루노 협회"의 창립 행사가 열었을 때, 루돌프 슈타이너 박사는 자유로운 연구와 정신의 자유로운 활동을 요구하는 탁월한 연설을 행했다. 슈타이너는 당시 서양의 크기를 알아내고 우주의 크기가 무한해서 셀 수 없이 많은 태양과 지구가 돌고 있다고 주장한 이 도미니코 수도회 수사를 칭송했다. 그는 고통스러운 비명을 내지 않고 죽음을 맞았으며, 이미 불길이 온몸을 감싼 상태에서 사람들이 그의 얼굴 앞에 십자가를 들이대자 거부의 뜻으로 고개를 돌린 진정한 영웅이었다. 프로이센에서는 여전히 검열이 극심해서, 게오르크 뷔히너의 《당통의 죽음》처럼 자유주의적인 연극은 공연이 금지되었다. 심지어 "자유민중극장"의 축제에서 괴테의 《프로메테우스》를 낭송하는 것도 금지되었다. 연설에서 슈타이너는 모든 불관용과 제한, 연구와 강의에 대한 방해를 비난했고, 이에 대한 창립 축제에 참석한 사람들의 반응은 뜨거웠다. 슈타이너가 보기에 가장 끔찍한 비극은 불을 발견한 인간이 유익한 일뿐 아니라 사람을 파괴하는 일에도 그 불을 사용한다는 것이었다. 슈타이너는 분명 다음과 같은 장 폴 사르트르의 말에 동의했을 것이다. "자유가 어느 인간의 영혼 안에서 파괴되면, 신들도 그 인간에 대적하지 못할 것이다." 조르다노 브루노 협회의 창립 축제는 거의 슈타이너 박사를 세상에 알리는 행사가 된 셈이었다. 그는 자신의 외적인 영향력과 배려로 어느 진영이든 사람들에게 영향을 미치거나 강한 인상을 남기려 하지 않는 사람이었다. 동시에 그는 양심에 부끄럽지 않게 얻어낸 진정한 설득에는 언제나 인정하고 존중했다.

그래서 "리볼버 클럽" 구성원이든 슈티르너 추종자든 간에 청중은 존중과 친밀감 넘치는 그의 강연을 만나게 되었다. 크라포트킨과 톨스토이 추종자나 철저한 마르크스주의자, 권력을 쥐기 위해 총파업을 선동하는 사람들, 유태인 노동자연맹 회원들도 마찬가지였다. 그런 이유로 슈타이너의 강의가 끝나면 언제나 지극히 매력적이고 생산적인 토론이 이루어졌는데, 슈타이너는 자신의 의견을 관철시키려 하지 않으면서 이 토론을 노련하게 이끌었다. 학기말이 다가오면 다른 강의에서는 학생 수가 줄지만, 슈타이너의 강의에서는 그만두는 학생이 거의 없었다. 적지 않은 학생들은 예정되어 있는 "나폴레옹의 실각에서 독일 통일에 이르는 시기의 정치사"에 더하여 슈타이너가 현대의 정치문학, 새로 태어난 독일이라는 주제의 강의를 해주기를 바랐다.

그런 움직임은 학기 중간 휴식기에 개인적으로 슈타이너 박사에게 다가갈 좋은 기회가 되었다. 한 학기에 두 가지 강의를 하는 것은 강사와 합의해야 가능한 일이었다. 슈타이너 박사를 찾아가는 경우는 대부분 강의와 연관된 사항들을 결정하기 위해서가 아니었다. 슈타이너는 베를린의 예술가와 작가들의 삶에서 나온 일화나 연극계의 이야기를 끝없이 했고, 그의 이야기는 신문에 실리는 재미있는 이야기들보다 훨씬 재미있고 흥미진진했다. 그 덕분에 슈타이너 댁에서의 만남, 특히 그와의 개인적인 관계는 내게는 배움과 자극과 격려의 시간이었고, 그것들은 그 뒤 나의 인생에 결정적인 영향을 미쳤다. 슈타이너는 자신의 삶에 관해 숨기는 것이 없었다. 그래서 나는 그의 문예 활동을 속속들이 알게 되었다. 당시 나는 전혀 시간에 구애받지 않고 일하는 상태였기 때문에, 날마다 그 댁에 가서 그의 작업에 참여했고, 그러다가 나중에는 몇 가지 일을 독자적으로 해내게 되었다. 무엇보다 저술을 교정하는 일은 그곳에서 처음 배웠지만 결국 내가 맡아서 할 수 있게 되었다. 슈타이너는 일단 뭔가를 쓰고 나면 다시 그것에 손을 대는 일이 절대 없었다. 저술 작업에서 그는 미리 모든 측면에서 완전하고도 완벽하게 계획하고 수정한 뒤에야 비로소 종이에 쓰는 사람이었다.

 슈타이너는 〈문학잡지〉의 발행인이자 편집인이었다. 그

잡지는 무엇보다 새로 등장하는 조류, 특히 베를린을 고향으로 하는 문예 사조인 "현대문학"을 다뤘다. 이 잡지로는 재정면에서 수입이라고 할 만한 것이 만들어지지 않음에도 불구하고 그가 일의 대부분을 이 잡지에 할애하고 있었다는 사실은 다시 한 번 루돌프 슈타이너 박사가 어떤 인물이었는지 잘 보여준다. 이 잡지에는 〈희곡평론〉이라는 부록이 딸려 있었는데, 이 "독일연극협회"의 기관지는 그에게 작지 않은 창작의 수고를 얹어주었다.

  교열 작업을 하고 교정쇄와 임시확인본을 읽는 일은 나에게 가치 있는 공부가 되었다. 이 과정에서 다시 한 번 슈타이너 박사답다고 느끼게 된 것은, 노동자학교 학생들 가운데 나도 아는 이들이 당대 문학에 대한 비판적 언급, 환담, 장면 묘사와 더불어 잡지에 등장하는 것을 발견했을 때였다. 나는 작가로서 첫 작업을 위해 슈타이너 박사와의 친분을 슬쩍 끼어 넣을 생각을 하지 않았다. 그 대신 아무런 인연도 없이 그저 우편으로 접촉한 이름 있는 잡지들에 내 글이 실리는 행운을 누렸다. 슈타이너는 구독자를 늘려 잡지를 확산하는 일에 끝도 없이 노력했다. 그는 정열적으로 일하고 힘을 다하면 잡지의 확산이라는 결과를 얻으리라는 확고한 희망을 가지고 있었으며, 그래서 전혀 알려지지 않은 사람들이라도 그들이 보내왔거나 슈타이너 자신이 부탁한 원고를 잡지에 게재했다. 목표가 달성되지 않은 것은 그의 잘못이 아니었다. 정열, 끝없는 노력, 온전한 투신에 관해서라면 그를 능가할 사람은 거의 없을 것이다. 어쨌든 그가 이끌어가는 동안 잡지는 특히 젊은 작가들에게 아주 소중한 기회였고, 거기다가 독자들에게는 현대의 문학과 연극을 폭넓게 들여다보는 의미 있는 문학 매체였다. 하지만 게재와 고료를 기다리는 투고자들을 달래는 일로는 오래 버틸 수 없게 되었다. 오래지않아 이들은 "투고자의 잡지"라는 말을 하면서, 자신들이라면 잡지 일을 더 잘할 수 있다고 나섰다. 그리고 그런 요구를 하는 사람들은 뭔가 다른 길을 찾으려 했다. 결국 슈타이너는 스스로 결코 만족하지 못하는 성과에 머물고 만 잡지 일을 포기했다. 나도 처음에는 그런 결과가 몹시 안타까웠지만, 사람들을 가르치고 자극하는 일이라면 그것 아니라도 슈타이너 박사에게는 차고 넘쳤다.

사실 〈문학잡지〉에서 손을 놓으면서 슈타이너 박사는 큰 짐 하나를 던 셈이 되었다. 그에 못지않게 큰 짐이 또 하나 있었는데, 그건 "미래인"이라는 문예 단체였다. 시인 루트비히 야코봅스키가 설립해서 초창기에 이끌었던 단체인데, 회원만이 아니라 누구나 참여하도록 열려 있었다. 이 단체에 속한 인물로는 존 헨리 매케이, 브루노 빌레 박사, 오토 에리히 하르틀레벤Otto Erich Hartleben, 그리고 사회주의 경향의 시인 자매인 마르가레테 보이틀러Margarete Beutler와 클라라 뮐러Clara Müller 등이었다. 베를린으로 이주해 오면서 슈타이너도 이 단체의 일원이 되었다. 어느곳에서나 그랬듯이 그는 이 단체의 활동에도 열성적이었고 곧 모임을 이끄는 역할을 맡게 되었다. 단체는 고유한 특색의 사교를 원하는 사람들을 위한 것이었다. 단체의 모임은 언제나 슈타이너가 가벼운 이야기를 하는 것으로 시작되었는데, 사실 그 모임 자체가 문예계에서 벌어진 흥미로운 일을 두고 수다를 떠는 시간이었다. 하지만 얼마 지나지 않아 그에게 저녁 시간에 해야 하는 다른 일들이 생기면서 모임에 불참하는 날이 많아졌다. 게다가 마르가레테 보이틀러가 베를린을 떠났고 클라라 뮐러도 어느 화가와 결혼하면서 베를린의 동쪽 외곽으로 이사했다. 하르틀레벤은 연극에서 큰 성과를 거둔 데 더하여 해군에 관련된 일에 몰두하게 되었다. 당시에 독일 해군의 강화를 선전하는 해군홍보협회가 조직되었는데, 하르틀레벤은 자신만을 위한 해군홍보협회를 만들고 있다는 소리를 들을 정도였다. 매케이는 사람들과 어울리기를 별로 좋아하지 않아 사교 모임에 매달리지 않았다. 그런 인물들이 아니면 남녀 점원과 사무원들이 "미래인" 모임에 나왔는데, 이들은 스스로를 미래의 시인으로 여겨 뭔가 그럴 듯한 배경을 만드는 게 목적이었다. 그래서 마지막에는 슈타이너와 야코봅스키가 참석해서 아무렇지 않은 듯하면서도 단호한 어조로, "미래인"이라는 이름을 계속 걸어 놓는 것이 원래의 의도에서 크게 벗어난 일이므로 모임을 해체한다고 선언했다. 슈테판 츠바이크Stefan Zweig의 자서전에 등장하는 "미래인" 회원들은 그 선언 이후에도 남은 어중이떠중이들에 지나지 않는다. 이미 훨씬 전에 설립자와 인도자가 단체를 해산했기 때문이다. 슈테판 츠바이크의 이야기가 얼마나 사실과 다른지 보여주는 것이 있다. 그가 일흔 살 된 페터 힐레Peter Hille라는 사람을 만난 적이 있다고 했다. 하지만 이름을 날리지는 못했지만 불멸의 유쾌한 유머 감각을 지녔던 이 감성적 시인은 일흔 살까지 살지 못했다. 이십 년이 넘도록 이어진 인연으로 인해 나는 그의 인생 행로를 잘 아는데, 쉰 살이 되기도 전에 그는 "살다 보면 나한테도 한 번쯤은 이런 나쁜 일이 생길 수도 있지."라는 말을 남기고 세상을 떠났다. 참으로 그가 아니면 할 수 없는 유언이었다. 그에 관해서 츠바이크가 한 또다른 이야기들이 사실과 다르게 흐른 것은 아마도 페터 힐레 탓이리라는 생각이 든다. 그리고 또 한 가지 말해 둘 것이 있다. 루돌프 슈타이너 박사는 슈테판 츠바이크가 묘사하는 그 시기의 "미래인"과는 아무런 관계가 없다는 사실 말이다.

  슈타이너는 잡지에서 손을 뗀 뒤로 그에게는 그 잡지보다 더 고마운 다른 여러 독일 잡지, 신문들과 한층 긴밀하게 일했다. 초고를 손 봐서 완성된 원고로 만드는 일은 없었다. 그의 모든 원고는 완성된 형태로 머리 속에 담겨 있었다. 글을 쓰는 것은 그에게 너무나 자연스러운 일이어서, 작고 살짝 날아가는 듯한 글씨로 된 문장들은 의식의 흐름처럼 멈추지 않고 종이 위로 쏟아져 나왔다. 모든 단어가 읽을 수 있는 상태였고, 추후에 뭔가를 삽입한다거나 바꾸는 일은 없었다. 모든 글은 쓰기도 전에 이미 완성되어 있어서, 그야말로 슈타이너 안에서 불타오르다가 종이 위로 꺼내지기만 하면 되는 듯했다. 그래서 곧바로 식자판에서 꺼내어 식자기로 옮기기만 하면 될 것 같았다. 한 편의 글을 구두로 불러주고 쓰게 하는 일은 이 작가의 재능과 체질에는 안 맞는 일이었고, 누군가를 보조 인력으로 사용하는 것도 어떤 형태로든 그에게는 있을 수 없는 일이었다. 그때는 타자기가 나오기 전이었다. 독일에서 만들어진 첫 타자기가 선을 보이긴 했지만 전시용에 지나지 않았다.

이때부터 슈타이너의 저녁 일정은 날마다 가득 찼다. 노동자학교에서는 두 강좌를 맡았다. 학교 역사상 전례없이 수강자가 많아지는 바람에 강의실이 비좁아져서 다른 곳에서 책걸상을 가져와야 했다. 수요일마다 열 번에 걸쳐 "건축가의 집" 내의 강당에서 열기로 예정된 "근대 시인" 강의는 회당 1 또는 2마르크의 수강료를 받았음에도 거의 4백명이 등록했다. 당시에 인기 높았던 막스 로렌스Max Laurence가 시를 읽고, 각 시에 대해 슈타이너 박사가 "문학사적 평가"를 덧붙였다. 그리고 이 강의는 책으로 출간되었다.

슈타이너는 일요일에도 매번 강연을 했다. 일요일 강의가 끝나면 우리는 거의 예외없이 슈타이너 박사, 오이니케 부인, 그리고 딸과 함께 베를린의 밤거리를 걸었다. 그 산책길에서 우리는 프리드리히 가 끄트머리의 깊숙한 지하실에 있는 "억센 강아지"라는 이름의 음식점에 갔다가 학생이 많이 오지 않는 월말임에도 입장을 거부당하는 경험을 했다. 거의 모든 술집에서 저녁 열 시 이후에는 여성의 입장을 허락하지 않았기 때문이다. 그 술집은 땅속 아주 깊이 있었는데, 저녁 열 시가 지난 그 곳의 수준은 그보다 더욱 깊이 추락했다. "억센 강아지"의 메뉴는 날마다 "완두콩 수프, 또는 돼지 족발을 곁들인 완두콩 수프"뿐이었다. 웨이터가 음식 그릇 둘을 날라오면 손님이 그 가운데 하나를 고르는 식이었다. 음료로는 맥주가 있는데, 주문하지 않아도 그냥 식탁에 올라왔다. 식사를 마치면 즉시 자리를 떠야 했다. 손님이 의자에 엉덩이를 걸치면 바로 완두콩 수프가 나왔다. 손님에게 뭘 물어보는 일도 없었다. 손님이 잔돈까지 정확하게 세어서 내지 않으면 점원에게서 잔돈을 거슬러 받을 때까지 한참을 서서 기다려야 했다. 계단 세 개를 올라가는 식당 뒤쪽에는 창문도 없이 직사각형의 탁자 두 개와 긴 나무 의자가 놓인 작은 공간이 있었다. 그곳은 가스등을 갖춘 요란한 장소었다. 단골 얼굴을 모두 기억하고 있는 웨이터는 낯선 사람이 오면 그곳으로 가도록 손짓을 했고, 단골들은 그 광경을 재미있어 했다. 슈타이너와 그의 여성들, 그리고 우리는 어느 날 저녁에 늦지 않게 그곳을 찾아 완두콩 수프를 먹었다. 그 또한 베를린의 한 부분이니 경험해 보아야 한다는 것이 슈타이너의 뜻이었다. 그 뒤로도 우리는 호기심에 이끌려 슈타이너를 동반하여 그곳에서 "식사"를 하곤 했다. 그럴 때면 보통 페터 힐레나 에리히 뮈잠 또는 화가 피두스Fidus가 자리를 함께했다.

노동자학교가 "시인의 저녁" 행사를 개최하여 그 첫 순서로 사회문제에 관심이 많은 이탈리아 여성 시인 아다 네그리Ada Negri의 깊은 체험에서 우러나온 시를 독일에 널리 소개한 이래로, 이 행사는 하인리히 하이네, 프라일리히라트, 게오르크 헤르베크Georg Herwegh의 시, 그리고 "근대" 작가들과 노동자 시인들의 작품을 주제로 이어졌다. 루돌프 슈타이너 박사는 이 모든 행사에서 유능한 강연자이자 시인과 그 작품의 정확한 해설자였다. 그는 시에 등장하는 사회적, 정치적 긴장을 보여주기를 잊지 않았다. 시에 담긴 혁명적 정신, 편협한 사고와 부르주아지의 고칠 길 없는 근시안에 분노하는 뜨거운 의지, 그리고 정신적 통찰로 얻은 – 이 대목에서 슈타이너는 다시 마르크스를 인용했다 – "이 세상을 바꾸어야 한다"는 인식이 그에게 말을 거는 듯했다. 우리의 인식에 의거해서 우리 삶을 형성하는 것은 전적으로 우리 자신에게 달려 있다고 가르친 사람은 언제나 슈타이너였다. 개혁이 우리를 기다리고, 니체의 말처럼 우리가 낡아빠진 것들과 전래된 것들에게 결정적인 한 방을 먹이기를 기다리고 있었다.

　1840년대의 정치적 시에 관한 강의에서 슈타이너는 어느 시인을 우리에게 소개했는데, 그는 억울하게도 완전히 잊혀졌지만 완성도 높은 작품과 함께 언급할 가치가 있는 시인이며, 다음과 같이 쓰리고도 아름다운 언어로 조국을 노래한 사람이었다고 했다.

　"비아스처럼 나는 화염 곁에 서 있다가
　운명이 부르는 곳으로 간다.
　여기 나의 발길에 그대의 먼지가 피어 오르고
　그대의 어느 것도 나는 즐길 수 없다.
　심지어 이 입에 가득한 공기까지도."

VII

문예 단체 "미래인"은 설립자가 부여한 원래의 내용과 구성을 유지하지 않게 되었다. 예술인 클럽인 "새로운 공동체"는 율리우스와 하인리히 하르트 형제가 만들었는데, 이 형제는 자신들의 질풍노도 시기에 독일 문학의 의미 있는 시대를 열기 위해 싸우는 전사로 제법 이름을 얻은 뒤로도 변함없이 좌충우돌하는 삶으로 일관했다. 이 클럽에는 연극, 미술, 문학 분야에서 최고의 위치에 오른 사람들이 속해 있었다(영화라는 장르는 아직 별다른 의미가 없었다. 영화가 보여주는 것은 형편없었으니까). 클럽은 착각에 빠졌거나 인정받지 못한 채 자화자찬말고는 할 것이 없거나 억지스러운 모습을 과시하거나 사람들 눈에 띄기만 바라는 그런 천재들의 모임이 아니었다. 막스 라인하르트Max Reinhardt라는, 오늘날까지도 신선한 이름 하나만 봐도 그렇다. 그는 "새로운 공동체"의 대축제에서 회원 자격으로 적극적으로 진행에 참여했다.

매주 열리는 "새로운 공동체" 모임에 슈타이너가 참석한 것은 출범 후 첫 두세 번뿐이었다. 해야 할 강연이 너무 많았기 때문이다. 에른스트 해켈Ernst Haeckel의 책 《세계의 수수께끼》가 세간의 이목을 모았는데, 보급판으로 나와 널리 퍼진 이 책을 이해하기 쉽게 해설할 수 있는 사람은 슈타이너였다. 어디서나 해켈의 일원론을 두고 토론이 벌어지고 독일일원론협회까지 결성되었으며, 이런 움직임을 통해 많은 사람들이 정신적인 자극을 받게 되었다.

"새로운 공동체"의 모임이나 축제에서는 하인리히 하르트와 구스타프 란다우어가 인사말을 했는데, 이야기가 하염없이 허황된 상상에 빠지곤 해서 다시는 땅으로 내려오지 않을 것 같은 인상을 주었다. 아름답고 웅장한 홀에서 열리는 축제에는 돈이 엄청나게 들었고 아주 유명한 예술가들이 초대되었다. 독자적으로 디자인한 커다란 플래카드로 축제를 알렸고, 엄선한 음악과 문학 행사를 제공하면서도 입장료를 받지 않았다. 창립의례라고 이름 붙여 제대로 성대하게 치른 첫 번째 축제에서 하인리히 하르트는 인사말을 하면서 너무 긴장해서, 나중에 사석에서 그를 그냥 둘 게 아니라 뭔가 구조활동을 해야 하는 것 아닌가 생각했다는 이야기를 들을 정도였다. 인사말에서 그는 정신 활동의 지독한 결핍은 지난 이천 년 동안 새로운 종교가 하나도 생겨나지 않았다는 사실에서 잘 드러난다고 말했다. 그러므로 직종별 연합이나 노조, 정당, 종교 등은 사람들에게 가장 좋고 아름답고 알차고 숭고한 것을 제시해야 한다, 개인의 소유물이란 있을 수 없는데, 이는 세상에 있는 모든 것은 모든 사람이 관찰하고 주시하고 평가하고 비판하는 대상이기 때문이다, 모든 것은 하나이고, 또 우리 것이다, 등이 하인리히 하르트의 주장이었다. 그의 발언으로 홀을 뒤덮게 된 곤혹스럽고 섬뜩한 침묵을 깬 것은 이어진 풍금 연주였다.

조르다노 브루노 협회에서 브루노 빌레 박사가 "모든 물질은 정신과 함께 있다"는 주제로 강연을 하던 바로 시간에, 루돌프 슈타이너 박사는 노동자학교의 공개강좌에서 "옛날과 오늘날의 성령주의자들과 혼란에 빠진 사람들"이라는 제목으로 강연을 하면서 얀 보켈존Jan Bockelson에 관한 이야기를 시작했다. 얀 보켈존은 종교개혁 시대에 신성

로마제국의 도시 뮌스터를 재세례파가 지배하는 "왕국 안의 왕국"으로 만들고는 자신의 가르침을 근거로 그곳에서 참혹한 폭정을 저지른 사람이었다. 슈타이너는 괴를리츠 출신의 제화공 야코프 뵈메Jakob Böhme와 츠비카우의 목사 토마스 뮌처Thomas Münzer, 광신적인 농부 콘라트 도이블러Konrad Deubler를 언급하면서, 보켈존의 재세례자 왕국과 "새로운 공동체"를 동급으로 놓았다. 거의 절대왕조에 가까운 신성로마제국의 지배적 질서가 견딜 수 없다는 이유로 하르트 형제가 "새로운 공동체"라는 단체로 국가 안의 국가를 만들려고 한다는 것이 그 근거였다. 슈타이너는 "모든 물질이 정신과 함께 있다."는 하르트의 말이 정신 나간 사람만이 할 수 있는 주장이라면서, 건강한 오관을 지난 사람이라면 땅으로 떨어지는 돌멩이에서 정신의 움직임을 볼 수는 없다고 말했다. 그러니 생명 없는 돌 한 조각에 정신이 들어 있다고 주장하는 사람은 미쳤거나 이름을 얻는 데 병적으로 집착하는 사람이라고 밖에 볼 수 없다는 것이었다.

이 강연은 제법 뜨거운 토론으로 이어졌다. 슈타이너의 주장에 반론을 제기한 사람들은 "새로운 공동체"의 열렬한 지지자들이었다. 이들은 무엇보다 슈타이너가 보켈존을 언급하고 바로 뒤이어 "새로운 공동체"를 거론한 것에 반발했다. 이전에도 슈타이너는 노동자학교 강의에서 보켈존의 재세례파 무리와 그들이 저지른 끔찍한 폭력에 관해 상세하게 이야기한 바 있었는데, 그때도 "새로운 공동체"에서 큰 자극을 받는 추종자들은 슈타이너에 대한 깊은 존경심에도 불구하고 상당히 예민하게 반응했다. 나는 정기적으로 "새로운 공동체" 모임과 축제에 참석했고 참석자 명단에 이름을 올렸다. 그런 자리에서 나오는 허황하고 도를 넘는 발언에는 웃을 수밖에 없었다. 자신들의 영향력과 금전을 대거 투입하여 모임을 주도하는 사람들의 그 공격적인 태도에 일면 실망하기는 했지만, 그 모임에 참석하고 그들과 어울리는 것은 내게는 여러가지로 유익했다. 그들이 사생활에서는 대단히 검소하게 살고 가식없이 사람들을 대했기 때문이다.

  루돌프 슈타이너 박사가 노동자학교에서 문학과 역사를 주제로 행한 강의는 시간이 지날수록 더 큰 공감을 얻었다. 그 바람에 운영위원회에서는 수강자 숫자에 따라 강사료를 조정해야 하지 않을까 하는 논의가 몇 차례 있었다. 이 소식이 전해지자 슈타이너는 그런 방식을 단호히 거절했다. 그는 재정적인 여력이 있다면, 모든 강사에 대한 사례를 높여야 한다는 뜻을 전했다. 그래서 결국 모든 강사들에 대한 사례를 높이는 것으로 결정되었다. 물론 이 결정에 따른 추가 지출은 슈타이너의 강의를 듣는 학생들이 낸 수강료로 충당하게 되었다.

 해켈의 《세계의 수수께끼》를 읽는 사람들이 점점 더 많아지면서, 슈타이너는 갖가지 단체로부터 강의 요청을 받았다. 교회는 설교와 서면을 통해 이 책과 진화론 전체를 저주했지만, 그것은 내용은 없고 겉만 요란한 비판에 불과했다. 그들은 해켈의 책이 정신적인 방종을 부추겨 사람들로 하여금 교회에서 이탈하도록 자극한다고 비판했다. 새로운 세계관을 설파하는 일원론협회가 일요일마다 종교의식과 유사한 행사를 독일 전역에서 진행하기 시작하면서, 그들의 비판은 더욱 거세졌다. 당시에는 석사학위 소지자 한 사람이 그림자처럼 슈타이너 박사 곁에 붙어 모든 모임에 따라다녔다. 이 작고 통통한 남자는 예의나 말주변과는 전혀 인연이 없는 사람으로, 쉽게 흥분하고 공격적인 태도를 보였다. 그는 "지저분한 통속문학"이라는 표현을 마음에 새기고 다니면서, 해켈의 《세계의 수수께끼》를 그런 범주에 끌어들였다. 슈타이너는 그 사람에게 관대한 태도를 보여, 베를린 노조회관 강당에서 열린 어느 집회에서 주발표자로 연단에 오르게 했다. 천 명이 넘는 사람들이 그의 발표를 조용히 경청했지만, 그는 베를린 사람들 식으로 말하면 "화분 하나도 못 얻은" 상태로 연단을 내려왔다. (그 표현은 베를린 사람들이 즐겨 찾는 주사위 놀이 가게에서 나왔는데, 그런 곳에서는 꽃화분을 상품으로 주었다.)

이 도발자는 나중에 어느 순간 연기처럼 사라져 눈에 띄지 않게 되었다. 슈타이너는 강의에서 헤켈의 일원론을 대변하지는 않았지만, 그로부터 강한 인상을 받아 그의 저작을 인간 정신이 인식하고 깨어나는 길을 가리키는 이정표라고 높이 평가했다. 슈타이너는 그 저작에 실린 이론을 개관하도록 해설하는 가운데 노동자 계층의 이해력과 판단력을 일깨우기 위해 애썼다. 그리고 어느 경우에나 헤켈 개인에 대해 날이 갈수록 심해지는 공격에 당당하고 강하게 대응했다. 슈타이너의 이 강의들은 셀 수 없이 자주 반복되었지만 한 번도 상투적으로 흐르지 않았고 미리 만들어둔 원고에 의존하지 않았다. 그는 청중의 구성에 따라 알맞게, 그리고 언제나 자연스레 자신에게 떠오르는 것들을 바탕으로 강연을 진행했다. 그를 초청한 단체들은 한 번에 그치지 않고 그 뒤로도 여러 번 강연을 부탁했다. 그의 강연이 언제나 사람들을 매혹했고 매번 악기의 다른 현을 튕기듯 신선했기 때문이다. 그를 초청하는 직업단체들의 개방성과 수용 태도는 인쇄, 조각, 금속, 전차 운전 등 집단에 따라 달랐다. 저녁 강연은 일주일에 여러 번 이루어졌다. 이런 강연으로 인해 슈타이너의 저작과 문학 활동의 폭이 좁아지기는 했지만, 그는 이를 아름다우면서 중요하고 만족스러운 임무로 받아들였다. 그가 강연을 언제나 만족스럽게 생각한 것은, 그것이 사람들로 하여금 인식에 눈 뜨고 일상의 욕구에서 벗어나 더 높은 차원을 지향하게 하기 때문이었다. 그의 의도가 베를린 노동자층에 제대로 통했다는 것은 그들로부터 받게 된 높은 평가와 존경의 마음을 보면 알 수 있었다. 그리고 이 세상에서 벌어지는 모든 일이 경제적인 사정에 따라 기계적으로 이루어질 뿐이라는 편향된 생각으로부터 노동자들을 보호함과 동시에 자신의 힘에 대한 신뢰를 일깨우고 의지를 강화하여 스스로 얻은 인식을 근거로 삶을 형성해가도록 하는 데 그의 노력이 상당 부분 기여했다고 할 것이다. 아는 것이 힘이 아니라, 정신의 힘과 강한 의지가 그릇된 것을 이겨내고 세상을 다른 모습으로 만드는 것이다. 정신은 적극적으로 원하는 것이 있으므로, 그런 정신을 강하고 능력 있게 만들어, 오로지 정신만이 병적 욕망과 열정에 맞서 결단할 수 있도록 해야한다.

노동자학교 창립자인 제국의회 의원 빌헬름 리프크네히트가 세상을 떠나면서, 노동자학교는 가장 열렬한 후원자를 잃었다. 엄청난 부수로 인쇄된 안내문과 함께 많은 사람들의 관심을 집중시킨 대규모 강연에서 그는 "아는 것이 힘이다."라는 말을 강조했다. 노동자학교 운영위원회는 루돌프 슈타이너에게 장례식 화환에 쓸 추도의 글귀를 부탁했다. 이에 슈타이너는 빌헬름 리프크네히트를 위한 글을 써서 우리에게 주었다.

"강한 의지력의 뿌리가 노동에서 자라나는 곳,
지식의 길이 그곳임을 그는 우리에게 알렸어라."

VIII

여름이면 노동자학교는 긴 방학을 가졌다. 우리와 친밀히 지내는 강사들과 연결이 끊어지는 그 시기는 지식과 문화에 대한 우리의 갈증에 득과 실을 동시에 가져다 주었다. 하지만 그대신 우리는 언제든 루돌프 슈타이너를 방문할 수 있었다. 그는 한 번도 우리 때문에 방해를 받는다는 기색을 보이지 않았다. 서재, 거실, 식당, 서고 그리고 아마도 자신의 침실까지 모두 하나로 합쳐진 그의 소박한 집에서 갖는 커피 타임은 우리에게는 정신으로 충만한 담소와 격려의 시간이자 문예의 세계로 들어가는 기회였다. 나는 일종의 수행비서 역할을 하고 있었으므로, 방학의 대부분을 슈타이너 댁에서 지냈다. 내가 연극,

연주회, 집회 등에 참석하게 되면 언제나 그에게 후일담을 전했고, 그러면 그는 늘 새겨들을 만한 조언을 잊지 않았다. 훗날 내가 연극과 신간, 특히 문학 서적의 평론가로 일하게 된 기반은 그때 다져졌다. 슈타이너의 동거인이었던 오이니케 부인은 그 사이에 그의 법적인 배우자가 되었는데, 그렇다고 해서 별다른 행사가 있거나 사람들과의 관계가 달라지거나 하지는 않았다. 슈타이너 부인은 어머니처럼 지극한 사랑과 검소하고 현명한 태도로 남편 뒤에 머물면서 그를 돌보았다.

다양한 강좌에 참석하는 학생들이 여름방학 동안에도 서로 유대를 잃어버리지 않도록, 우리는 일요일마다 당일치기 소풍을 가거나 베를린 사람들이 그토록 좋아하는 증기선을 탔다. 별도의 초대나 요청이 없어도 슈타이너 박사는 부인과 딸을 동반해서 일요일 소풍에 참석했다. 한적한 숲을 가로질러 걷고 나면 미리 주문해 둔 점심식사가 기다리고 있었다. 식사 후에는 그곳 공원 식당들에서 하는 방식대로 손님이 직접 끓여 마시는 커피가 제공되었는데, 그때마다 슈타이너 부인이 야코봅스키의 "시인의 파이"를 넉넉히 기부했다.

그런 다음에는 숲 속 푹신한 풀밭에 누워 어두워질 때

까지 쉬었다. 폴란드와 리투아니아 출신의 유태인 노동자 연맹 회원들은 철저한 마르크스주의자이면서도 슈타이너의 열렬한 추종자였는데, 이 모든 행사에 함께하면서 고향에서 추던 춤을 선보이고, 제정러시아와의 싸움에서 나온 "불멸의 희생자들이여, 그대들은 스러지는구나…"라는 조금 우울한 느낌을 주는 노래, 그리고 "진지를 향하라, 그대 노동자 민중이여…"라는 선동적인 노래를 불렀다. 그들의 노래를 듣고 경찰 두 명이 가까이 온 적도 있지만, 우리 말고는 그 외국어 가사를 아는 사람이 없었기 때문에 별다른 방해를 받지 않았다.

  그럴 때면 슈타이너는 우리 한가운데에서 쉬었다. 우리는 함께 담소하거나 책, 연극, 옛날부터 최근까지의 문학에 관해 그에게 질문을 던졌다. 고대 그리스의 시인과 철학자들, 이집트, 중국, 인도 사람들, 공자와 노자의 지혜, 베를린 페르가몬 박물관에 설치된 고대 소아시아의 제단, 작가 에밀 졸라Émile Zola, 시인 슈테판 게오르게Stefan George 등이 질문의 주제였다. 그가 우리에게 풀밭에 핀 꽃, 양치식물, 주위에서 윙윙거리며 날아다니는 곤충에 대해 알려주면, 우리는 그건 사람 피를 빨아먹는 모기일 따름이라고 촌평을 날렸다. 우리가 공작나비 애벌레를 본 것 같다고 하면, 그는 아마도 그건 박각시나방의 애벌레일 거라고 했다. 그리고 공작나비와 박각시나방의 색깔과 무늬 등을 세세히 일러주었다. 우리 눈에 그는 온 세상의 지식이 가득 쌓여 있는 저장고처럼 보였다. 덩치가 자그마한 여성 모자 제조공이 그다지 알려지지 않은 체르니셉스키의 소설《무엇을 할 것인가?》를 감명 깊게 읽었다면서, 돈만 있다면 그 소설을 백만 권쯤 사서 사람들에게 뿌리고 싶다고 했다. 루돌프 슈타이너도 그 책을 알고 있었지만 별로 높이 평가하지 않았다. 두 권으로 된 그 소설은 곧 우리 사이를 한 바퀴 돌았다. 하지만 우리는 제목에 나오는 질문에 대한 대답을 끝내 찾지 못했다.

나는 어느 대기업의 노조로부터 노조 회원에게 책을 빌려줄 도서관을 설치해달라는 요청을 받았다. 도서관 설치 비용은 5천 마르크로 계획되었다. 나는 분야별 선정도서의 목록을 만들어 슈타이너 박사에게 보여주고 자문을 청했다. 그는 모든 서적에 대해 어느 판으로 하고 어떤 발행인이나 출판사의 것을 택하라고 지정해주었다. 그리고 그다지 필요하지 않은 책을 삭제하고 그 자리에 다른 책을 추가했다. 그리스나 로마 시대의 저자, 독일 고전, 다른 언어로부터 번역된 것, 자연과학과 역사, 그 어떤 저자와 분야의 책이라도 그는 최고의 판본을 적었다. 나는 서가의 설치와 도서목록 인쇄로 눈코 뜰 새 없이 바빠서 슈타이너 박사에게 갈 시간이 없었다. 다행히 여름방학 중이어서 강의는 열리지 않았다. 나는 선정도서를 감수해준 데 대한 사례금을 챙겨 그에게 갔다. 그 무렵 슈타이너는 몇 번 일요일 소풍에 참여하지 않았다. 몇 주 뒤에 댁으로 찾아갔지만, 슈타이너 부인만 만났을 뿐이었다. 부인은 별다른 소식을 전해주지 않았다. 하지만 결국 그가 영국 여행 중이라는 이야기를 들을 수 있었다.

여행에서 돌아온 그를 만났을 때, 우리 앞에는 완전히 다른 루돌프 슈타이너 박사가 서 있는 듯했다. 한 번도 금이 간 적 없었던 우리의 존경심이 잠시 흔들리기까지 했다. 지난 8년간 친분을 유지하는 동안 우리에게 새겨진 그의 모습은 한결같았다. 그런데 이제는 외모부터 다른 사람이었다. 좀 빈약하고 좁게 난 입술 위의 수염은 사라지고 없었다. 정장은 여전히 검정색이었지만, 재단선이 매우 낯설었다. 부드러워서 특별한 형태가 잡혀 있지 않던 모자는 베를린에서는 아무도 안 쓰는 뻣뻣한 실린더 모자로 바뀌었다.

여행에서 돌아온 뒤 처음 만나는 자리에는 그 댁의 따

뜻한 분위기를 그리워하던 몇 사람이 모였는데, 이상하게도 슈타이너 부인은 침묵을 지켰다. 그날 오후 슈타이너 박사는 우리에게 런던으로 가는 길에 들렀던 비르츠Wiertz 박물관에서 본 그림 몇 점에 대해 본격적인 강의를 했다. 그 그림들이 그에게 깊은 인상을 남겼던 것만은 틀림없어 보였다. 그림 강의는 두 시간이나 이어졌다. 그 색채나 묘사, 기법이 아니라 그림들이 표현하거나 말하려고 하는 것이 무엇인지가 강의의 내용이었다.

그날 우리는 그다지 만족스럽지 못한 기분으로 슈타이너 댁을 떠났다. 그의 말에는 이전의 친밀함이 없었다. 그의 이야기는 무엇인가를 준비하는 내용에 가까웠으며, 우리는 그와 우리 사이에 뭔가가 가로놓인 듯한 느낌을 받았다. 한 번도 동등한 차원에서 그를 만나지는 않았지만, 우리는 우정이라고 해도 좋을 만큼 친밀했다. 그런데 그 연대감이 다시 돌아오지 않은 것이다. 그리고 그 사실이 나를 깊이, 그리고 강하게 흔들어 놓았다. 원인이 무엇인지는 알 길이 없었다. 그러는 사이에 조르다노 브루노 협회에서 "최종적인 인식에 따른 세계 이해"를 주제로 강연을 해달라고 슈타이너 박사를 초청했다.

베를린 시청의 우아한 시민홀은 사람들로 가득했다. 나

는 여느 때와는 달리 슈타이너에게 개인적으로 인사를 건넬 사이도 없이 가장자리 좌석에 앉게 되었다. 그도 강연 생각에 사로잡혀서 평소에 잘 알고 지내는 사람을 알아차리지 못했으리라는 생각이 들었다. 그와 동행하는 사람은 없었다. 연단 위에는 경외심을 불러일으키는 야윈 인물이 서 있었다. 내 눈에 그는 그 어느 때보다 크고 당당해 보였다. 강연을 하는 동안 그의 사유는 집약적으로 작동했다. 시선을 홀 전면으로 똑바로 향한 채, 자신의 말을 사람들 머리 위를 지나 저 멀리로 날려보내는 것 같았다. 박사는 비르츠 박물관의 그림에 대해 우리에게 한 이야기를 확실하게 강조해가며 되풀이했다. 그러다가 그는 런던에서 시작되어 인도에서 확산되었으며 애니 베전트Annie Besant라는 사람이 이끄는 신지학이라는 세계적인 운동을 소개했다. 청중은 놀라고 어색해하는 가운데 냉정함과 갸우뚱해하는 기색을 숨기지 않았다. 어떤 미지의 것, 생각해보지 못한 것, 개관할 수 없는 것, 낯선 세계가 우리 앞에 열린 것 같았다. 사람들은 정신세계니 정신적 세계니 하는 말을 완전히 이해하지 못한 상태에서 그냥 듣기만 했다. 내 머리 속을 채운 것은 오로지 한 문장이었다. "그리고 신의 정신이 물 위에 머물렀다."

강연은 아주 길었다. 냉정한 혼미함은 강연이 끝난 뒤에도 사람들에게서 사라지지 않았다. 자리를 떠나거나 몸을 움직이는 사람이 거의 없었고, 소근거리는 말소리조차 들리지 않았다. 무거운 짐이라도 진 듯 강연회의 주최자가 무겁게 몸을 일으키더니, 혹시 뭔가 할 말씀이 있는지 청중에게 물었다. 하지만 사람들은 어디서나 하는 강연자에 대한 감사의 표시도 하지 않은 채 홀을 빠져나갔다. 이후로 슈타이너는 "총체적 세계관을 지향하는 조르다노 브루노 협회"― 정식 명칭이 이랬다 ― 가 주최하는 행사에서 다시는 강연할 기회를 얻지 못했다. 그로부터 얼마 지나지 않아 협회 자체가 해산했기 때문이다.

루돌프 슈타이너 박사는 10년 동안 살던 집에서 다른 곳으로 이사했다. 물질적인 생존의 근거가 되던 수입원은 하루아침에 모두 사라졌다. 문학과 예술이라는 활동영역에서 그는 더 이상 눈에 띄지 않았다. 그의 퇴장은 많은 흔적을 남겼다. 그 분야에서 대단히 역동적인 활동을 이어왔기 때문이다. 노동자학교는 가장 중요한 교사를 잃었다. 성인교육에서 차지하던 노동자학교의 위치는 더 이상 유지될 수 없었다. 그리고 그가 회원들에게 인식과 판단력을 일깨워주려 애썼던 많은 노동자 단체는 강력한 조력자를 잃고 내버려졌다.

　슈타이너는 살던 집에서 사라진 것처럼 사람들의 시야에서도 모습을 감추었다. 그러다가 나중에 "신지학협회 독일지부 사무총장 루돌프 슈타이너 박사"라는 이름으로 발행된 소수의 작은 홍보인쇄물이 세상에 나왔다. 인쇄물은 잘 꾸며지긴 했지만 단체의 빈약한 재정 상태를 짐작케 했다. 하지만 그런 상황은 슈타이너에게는 장애물이 아니었다. 그는 그다지 비용이 많이 들지 않는 방식으로 살았다. 나는 그가 빵 한 조각만으로 한 끼를 해결하는 모습을 너무나 자주 보았다. 그리고 그는 채식을 했다. 어떤 특별한 원칙이 있어서가 아니라는 것을 빈 사투리로 말한 적이 있다. "채식하는 사람은 동물의 사체를 먹지 않습니다. 그걸 보면 그냥 구역질이 나기 때문이에요." 그에게 소시지는 사체를 다져 사체의 창자에 넣은 것이었다.

　루돌프 슈타이너가 베를린의 공적 세계에서 사라진 것 때문에 내가 베를린을 싫어하게 되었는지는 잘 모르겠다. 어쨌든 나는 한참동안 스위스, 북부 이탈리아, 티롤을 떠돌다가 취리히에 자리를 잡았다. 이로써 나는 베를린 그리고 슈타이너와 완전히 단절되었다. 그로부터 사십 년이 지났지만, 나는 여전히 그로 인해 얻게 된 풍부한 경험과 인식, 그가 일깨워준 관찰 능력과 판단력을 소중하게 여긴다. 그런 것들을 통해서 나 자신만의 인생행로를 열어 자주적으로 살 수 있었기 때문이다. 지금도 내 앞에는 그 옛날 한창 시절에 서커스 건물이 무너지도록 가득 찬 청중 앞 높은 무대에 선 그의 매력적인 여윈 모습이 있다. 그때 경찰은 사람들의 무게를 감당하지 못하고 무너질 우려가 있다면서, 베를린 사람들이 "발 구르는 자리"라고 부르는 서커스 꼭대기 층을 비우려고 했다. 열렬히 귀를 기울이는 청중 앞에서 그는 베를린의 식자공과 인쇄공들 앞에서 구텐베르크 기념행사의 축사를 했다. 그날의 루돌프 슈타이너 박사처럼 그토록 열렬한 공감의 박수갈채를 받는 연설자는 그 전에도 없었고 그 뒤로도 아마 다시 없었을 것이다. 그날 단원이 백여명인 오케스트라도 명연주를 펼쳤지만, 승자로서 무대를 내려간 이는 루돌프 슈타이너 박사 한 사람이었다.

자서전 《내 인생의 발자취》에서 슈타이너는 어린 시절 부모님과 함께하던 저녁식사가 버터 바른 빵 한 조각과 탄산수였다고 했다. 그럼에도 그의 검소함은 어릴 때부터 길들여졌거나 결핍에서 나온 것이 아니었다. 그의 생활 방식은 그의 본질에 뿌리를 둔 것으로, 평생 어린 시절에서 받았던 것 만큼 이상을 필요로 한 적이 없었다. 다만 살아 있는 정신만으로는 몸이 여위어 가는 것을 막을 수는 없었던 모양이다. 그렇게 그는 어떤 속박도 알지 못한 채 자유로운 인간으로 살았다. 그는 자신에게 주어진 의무를 포기할 수 있었다. 자유로이 선택한 가르치는 일에서 사람들이 가진 정신의 능력을 일깨우는 것, 자기 내면의 견해를 바탕으로 새로운 문학을 해석하는 일에서도 그랬다. 그는 자신의 최종적인 인식이 부르는 대로 움직여, 신지학협회 독일지부 사무총장이 되어 초기 회원들을 맞았다. 그는 자신에게 다가오는 것을 정신으로 붙잡아 그것 외에는 아무것도 없는 듯이 온전히 자신의 것으로 만들었다. 자신의 힘들을 집중하여 그에게는 현실이었던 정신세계를 추구했다. 그의 내면을 가득 채우고 그의 존재 전체였던 문학은 정신의 통찰을 위해 자리를 비켰다. 그의 친구들이 그의 성격을 빗대어 재미 삼아 준 생일 선물의 뜻은 그에게는 자신에게 주어진 현실이었던 것이다. "온몸이 정신인 사람!"

주석

7 리프크네히트: 빌헬름 리프크네히트 (1826-1900)

10 헤켈의 책 《세계의 수수께끼》: 에른스트 헤켈, 세계의 수수께끼. 일반적인 이해를 위한 일원론 철학 연구. 본, 1899.

      구텐베르크 기념행사: 요한네스 구텐베르크 탄생 500주년을 맞아 1900년 6월 24일 부슈Busch 서커스 극장에서 열린 축제.

13 〈문학잡지〉: 루돌프 슈타이너는 1897년 중반부터 1900년 중반까지 〈문학잡지〉의 편집인이었다.

48 독일 황제: 빌헬름 2세 황제(1859-1941)는 1888년에 즉위하여 1918년에 퇴위했다.

50 카니츠 백작: 알렉산더 카니츠 백작(1841-1913)은 정치가로, 1889년부터 1913년까지 제국의회 의원이었다.

51 노동자학교: 요한나 뮈케의 회상 중 12쪽 이하 참조.

      카를 리프크네히트 박사: 카를 리프크네히트 박사(1871-1919)는 1918년 독일 공산당 창립 멤버였으며, 로자 룩셈부르크와 함께 1919년 1월 소요를 이끌다가 체포 과정에서 피살.

52 베벨: 아우구스트 베벨(1840-1913), 사회민주당 지도자.

      황제: 빌헬름 1세 황제(1797-1888), 프로이센 왕, 1871년 독일 황제에 즉위.

비스마르크가 물러나고: 비스마르크(1815-1898)는 1890년 빌헬름 2세에 의해 실각했다.

61 쿠르트 아이스너: 1867-1919. 작가, 사회주의자. 1918년 바이에른 총리가 되었으나, 극단적 공산주의 경향을 보여 곧 정적에게 살해당했다.

62 〈문학잡지〉: 1832년 요제프 레만Joseph Lehmann이 베를린에서 창간. 발행인 오토 노이만 호퍼Otto Neumann-Hofer, 편집 책임: 파울 셰틀러Paul Schettler. 베를린 아우구스트 도이블러 출판사 발행. 66년차 제26호(1897년 7월 1일자)부터 루돌프 슈타이너가 발행인이 되어 69년차 제40호(1900년 10월 6일자)까지 일했다.

〈자유극단〉: 이에 관해서는 《내 인생의 발자취》, 도르나흐 1925, 248쪽 (한국어판: 《루돌프 슈타이너 자서전: 내 인생의 발자취》, 한국인지학출판사, 서울, 2018. 391쪽) 참조. "자유연극협회도 〈잡지〉 관계자들과 연결되어 있었다. 자유문학협회만큼 밀접하지는 않았지만, 이 두 협회의 이사진이 동일한 사람들이었다. 나는 베를린에 도착하자마자 연극협회 이사진에도 선출되었다. 연극협회의 임무는 특별히 개성적이라거나 일반적인 취향과 거리가 멀다는 등의 이유로 극장에서 일단 상연이 거부된 연극을 상연하는 일이었다. '인정받지 못한' 수많은 연극적 시도들을 공정하게 평가하는 일은 이사로서 쉽지 않은 임무였다."

66 로자 룩셈부르크: 1871-1919. 좌익 사회주의자. 1917년 카를 리프크네히트와 함께 베를린에서 스파르타쿠스연맹을 결성했으며, 1919년 베를린에서 체포되는 중에 피살.

79 "미래인": 이에 관해서는 《내 인생의 발자취》, 도르나흐 1925, 271쪽 (한국어판: 《루돌프 슈타이너 자서전: 내 인생의 발자취》, 한국인지학출판사, 서울. 2018, 428쪽). "그는 "디 콤멘덴Die Kommenden"(미래인)이라는 단체를 창립했는데, 단체의 구성원은 문필가, 예술가, 학자 그리고 예술에 관심 있는 사람들이었다. 모임은 매주 한 번씩 열렸다. 시인들은 자기 작품을 소개했다. 인식과 삶의 극히 다양한 분야에 관한 강연들이 행해졌다. 밤이 되면 자유롭게 함께했다. 모임은 점점 커

졌고, 그 중심에는 루트비히 야코봅스키가 있었다. 누구나 상냥하면서 아이디어가 넘치며 심지어 세련되고 고상한 유머를 보여주는 이 인물을 사랑했다."

루트비히 야코봅스키: 루트비히 야코봅스키(1868-1901)에 관해서는 《내 인생의 발자취》, 도르나흐 1925, 270쪽 이하(한국어판: 《루돌프 슈타이너 자서전: 내 인생의 발자취》, 한국인지학출판사, 서울, 2018. 427쪽) 참조. "이 즈음(1898)에는 요절한 작가 루트비히 야코봅스키 Ludwig Jacobowski 와 우정을 나누었다. 이 인물의 영혼을 지배하는 분위기는 내적인 비극 속에서 숨을 쉬는 듯했다. 그는 유대인이라는 운명을 무겁게 짊어지고 있었다. … 이 논문들은 일단 그 시대의 유물론적 의식 안에서 작성됐지만, 만약 야코봅스키가 더 오래 살았더라면, 그의 연구는 확실히 정신화의 길로 들어설 수 있었을 것이다."

80 괴테·실러문서고: 루돌프 슈타이너는 1890년 가을부터 1897년 여름까지 괴테·실러문서고에서 일하면서 소피판(Sophienausgabe) 괴테 자연과학 저작 대부분을 발행했다.

〈문학잡지〉: 1897년 여름 루돌프 슈타이너는 바이마르를 떠나 베를린에서 〈문학잡지〉의 발행을 맡아 3년여 동안 일했다. 처음에는 오토 에리히 하르트레벤과 공동발행인이었으나, 후에 단독 발행인이 되었다. 별책 《희곡평론》을 포함하여 이 시기에 나온 잡지의 많은 기사는 슈타이너가 직접 썼는데, 세기말의 중요한 사안과 인물, 다양한 분야에서 대두된 예술와 학술에 관련된 문제를 두루 다루었다.

83 마리 오이게니 델레 그라치에: 1864-1931. 델레 그라치에는 1872년 빈으로 이주하여 그곳에서 평생 작가로 살았다. 그녀의 《전집》은 1903년 라이프치히에서 9권으로 출판되었다. 그 뒤로도 21편에 이르는 소설, 단편, 서사, 희곡, 코미디가 나왔다. 탄광 노동자를 다룬 희곡 《탄갱가스》는 1900년에 나왔다.

95 로스토크 대학에서 박사학위를 받았다: 당시에 대학을 다닌 사람들이 흔히 로스토크 대학을 낮게 보고 하는 말이었는데, 로스토크에서 박사학위를 받게 된 일을 슈타이너는 《루돌프 슈타이너 자서전: 내

인생의 발자취》에서 다음과 같이 이야기한다. "그런데 내 인생의 첫 장이 끝나가는 이때 유난히 매혹적인 철학서 한 권을 손에 넣었다. 당시 로스토크에서 철학을 강의하던 하인리히 폰 슈타인Heinrich von Stein(1833~1896)의 《플라톤주의의 역사에 관한 일곱 권의 책》(Sieben Bücher zur Geschichte des Platonismus)이라는 저서였다. 이런 인연으로 나는 박사학위 구두시험을 칠 때 한 번 뵈었을 뿐이지만 나에게는 매우 가치 있는 책의 저자인 이 경애하는 노철학자에게 내 논문을 제출하게 되었다."

119 슈티르너의 추종자로서 그의 저작을 새로 인쇄: 막스 슈티르너의 저작들 가운데 매케이가 발행한 것은 다음과 같다. 《유일자와 그의 소유물》,《우리 교육의 거짓된 원칙》,《소논문들, 그리고 그의 저작 〈유일자와 그의 소유물〉에 대한 비평에 답함》. 나중에 매케이는 슈티르너 전기 《막스 슈티르너, 그의 삶과 저작》을 썼다.

120 매케이 작품의 밤: 1899년 11월 28일 저녁에 치러진 행사.

123 탁월한 연설: "조르다노 브루노와 근대 로마"라는 제목의 1900년 11월 30일 강연.

129 슈테판 츠바이크: 슈테판 츠바이크, 지난날의 세계. 어느 유럽인의 회상. 베르만 피셔 출판사, 스톡홀름 1942.

131 《문학사적 평가》, 루돌프 슈타이너 박사, 현대 서정시, J. C. C. 브룬스 출판사, 민덴 i. W. 1900.

134 "비아스처럼 나는 화염 곁에 서 있다가...": 이것은 슐레지엔 출신 시인 요한 크리스티안 귄터Johann Christian Günther(1695-1723)의 시 〈조국에게〉의 마지막 구절이다. 당시 루돌프 슈타이너는 이 시인을 자주 언급하고 그의 시에 최상의 인정을 표현하면서, 그의 시가 잊혀졌음을 안타까워했다.

137 강연 "옛날과 오늘날의 성령주의자들과 혼란에 빠진 사람들": 1901

년 1월 6일 강연.

148 영국 여행: 루돌프 슈타이너의 첫 영국 체류는 1902년 7월 1일부터 11일까지였다.

뻣뻣한 실린더 모자: 이것은 영국에서 '볼러Bowler'라고 부르는 중산모로, 독일에서는 유일하게 슈타이너가 썼다. 이 모자를 처음 만든 사람은 영국의 멋쟁이 윌리엄 코크라고 하는데, 중산모는 이 사람이 제모공 볼러 형제에게 주문하여 처음으로 썼다고 한다.

149 비르츠 박물관: 벨기에 브뤼셀의 비르츠 박물관.

세계 이해를 주제로 강연: "일원론과 신지학"을 주제로 한 이 강연은 1902년 10월 8일에 열렸다(루돌프 슈타이너, 문학 관련 초기 발간물들, IV, 도르나흐 1941, 150쪽 이하 참조).

151 다시는 강연할 기회를 얻지 못했다: 루돌프 슈타이너는1902년 10월 8일의 강연에 이어 10월 15일에 조르다노 브루노 협회에서 열린 토론에서 한 번 더 발언했다(루돌프 슈타이너, 문학 관련 초기 발간물들, IV, 도르나흐 1941, 153쪽 이하 참조).

153 구텐베르크 기념행사의 축사: 루돌프 슈타이너, 문학 관련 초기 발간물들, III, 도르나흐(13편)에 실린 축사 복제본 참조.

루돌프 슈타이너
생애와 주요 활동

1861 - 1879
어린 시절과 청년기: 오스트리아

- 1861년 2월 27일 루돌프 요제프 로렌츠 슈타이너는 크랄예베치 Kraljevec(당시 헝가리, 지금은 크로아티아에 속함)에서 니더외스터라이히 Niederösterreich 출신 프란치스카 슈타이너와 요한 슈타이너의 첫째 아이로 태어났다.
- 전신기사로 일하던 부친은 곧 오스트리아 남부철도회사의 역장이 되었고, 이 때문에 그의 가족은 1862년 뫼들링Mödling, 1863년 포트샤흐 Pottschach, 1869년 부르겐란트Burgenland 지방의 노이되르플Neudörfl 등으로 이사를 다녀야 했다. 1864년 여동생 레오폴디네, 1866년 남동생 구스타프가 태어났다.
- 루돌프 슈타이너는 환경 덕분에 기술 분야에 매료되어 어릴 때부터 수학과 기하학 공부에 열심이었으며 그림에 소질을 보였다. 그리고 16세가 되었을 때부터 철학에 빠져들었다.
- 1879년 대학입학자격시험을 우등으로 통과했다.

1879 - 1890
대학생, 괴테 저작의 발행인, 가정교사, 잡지 편집인 시절: 빈

- 1879년부터 1882년까지 빈 공과대학에서 수학했다. 수학, 물리학, 식물학, 동물학, 화학을 전공하는 한편, 문학, 역사, 철학을 공부했다. 프란츠 브렌타노Franz Brentano 등의 강의를 들었다.
- 문학사가이자 괴테 전문가인 카를 율리우스 슈뢰어Karl Julius Schröer의 추천을 받아 퀴르슈너Kürschner의 《독일국민문학》판 괴테전집의 자연과학 저작 부분의 발행인으로 초빙되었다.
- 논문 〈원자론의 개념들에 대해 유일하게 가능한 비판〉(Einzig mögliche

Kritik der atomistischen Begriffe)를 발표했다. 훗날 슈타이너는 이 논문이 자신의 연구에서 "기초 신경"이라고 밝혔다.
- 1884년부터 1890년까지 빈의 사업가 라디슬라우스 슈페히트Ladislaus Specht 집안의 가정교사로 일했다. 그 집의 주치의이자 당시 빈에서 명성이 높았던 내과의사 요제프 브로이어Josef Breuer를 만났는데, 오늘날 그는 정신분석학의 개척자로 여겨진다.
- 《괴테의 자연과학 저작집》(Goethes Naturwissenschaftliche Schriften) 제1권이 발간되었다. 2-4권은 1887년에서 1897년에 걸쳐 발간되었다.
- 시인이자 나중에 여권활동가로 이름을 날린 로자 마이레더Rosa Mayreder(《여성성 비판》), 프리드리히 에크슈타인Friedrich Eckstein(훗날 작곡가 안톤 브루크너Anton Bruckner의 비서이자 전기 작가로 활동) 등과 교류했다. 철학자 에두아르트 폰 하르트만Eduard von Hartmann과 편지를 주고받았다.
- 괴테전집을 위한 작업 이외에도 퀴르슈너 교수의 요청으로 《피러 회화사전》(Pierers Konversationslexikon)을 비롯한 여러 사전에 많은 항목을 집필했다.
- 1886년 루돌프 슈타이너의 첫 번째 단행본인 《괴테 세계관의 인식론적 기초》(Grundlinien einer Erkenntnistheorie der Goetheschen Weltanschauung)를 발행했다.
- 괴테문서실장 에리히 슈미트Erich Schmidt가 루돌프 슈타이너에게 소피Sophie판 괴테전집 작업에 참여할 의사가 있는지 문의했다.
- 논문 〈자연 그리고 우리의 이상들〉(Die Natur und unsere Ideale) 발표.
- 빈에서 나오는 잡지 〈도이체 보헨슈리프트Deutsche Wochenschrift〉(독일주간)의 편집인이 되었다. 1888년 오스트리아-헝가리제국의 정치적 사안들에 관해 많은 기사를 썼다.
- 1888년 빈의 괴테협회에서 "새로운 미학의 아버지 괴테"라는 제목으로 강연을 했다.

1890 - 1897
괴테전집 발행인, 니체 연구자: 바이마르

- 괴테·실러문서실에서 일했다. 1891년에서 1896년 사이에 발간된 소피판 괴테전집을 위해 괴테의 자연과학 저작의 몇 부문을 발행했다.

- 헤르만 그림Herman Grimm, 에른스트 해켈Ernst Haekel, 에두아르트 폰 하르트만 등을 만나고, 시인 가브리엘레 로이터Gabriele Reuter, 작곡가 리스트의 제자 콘라트 안조르게Conrad Ansorge, 슈티르너Stirner 전기를 쓴 존 헨리 매케이John Henry Mackay, 니체 저작 발행인 프리츠 쾨겔Fritz Koegel 등과 교류했다.
- 《코타 세계문학총서》에 쇼펜하우어 전집 12권과 장 파울 전집 8권을 편집했다. "저명 문학사가들의 서문"을 붙인 《베를린 고전 선집》을 위해 크리스토프 마르틴 빌란트Christoph Martin Wieland와 요한 루트비히 울란트Johann Ludwig Uhland의 저작들을 자신이 서문을 붙여 발행했다.
- 하인리히 폰 슈타인Heinrich von Stein 교수의 지도를 받아 〈특히 피히테의 지식학을 고려한 인식론의 기본문제. "자신"에 대한 철학적 의식의 이해에 관한 연구〉(Die Grundfrage der Erkenntnistheorie mit besonderer Rücksicht auf Fichtes Wissenschaftslehre. Prolegomena zur Verständigung des philosophierenden Bewusstseins mit sich selbst)로 로스토크 대학에서 철학박사 학위를 받았다. 이 학위논문은 1892년에 《진리와 과학. 자유의 철학의 서막》(Wahrheit und Wissenschaft. Vorspiel einer Philosophie der Freiheit)이라는 제목으로 발간되었는데, 에두아르트 폰 하르트만 교수에게 헌정되었다.
- 1893년 가을, 루돌프 슈타이너의 철학 분야 주저인 《자유의 철학》(Die Philosophie der Freiheit)이 발간되었다.
- 나움부르크Naumburg의 니체문서실을 여러 차례 방문하고 머물렀다. 니체의 여동생 엘리자베트 푀르스터 니체Elisabeth Förster Nietzsche를 만났는데, 그녀는 루돌프 슈타이너가 니체 저작집의 공동발행인으로 일하기를 원했다. 병석의 프리드리히 니체를 만났다. 1895년 니체에 관한 루돌프 슈타이너의 책 《시대에 맞선 투사 니체》(Friedrich Nietzsche, ein Kämpfer gegen seiner Zeit)가 발간되었다.
- 1897년에 발행된 《괴테의 세계관》(Goethes Weltanschauung)에서 그동안의 괴테 연구를 요약하여 서술했다.

1897 - 1905
편집자, 교사, 강연자, 저술가: 베를린

- 1897년부터 1900년까지 〈마가친 퓌어 리테라투어Magazin für Literatur〉(문

학잡지)와 독일연극협회 기관지인 〈드라마투리기셰 블래터Dramaturgische Blätter〉(연극평론)의 발행인이자 편집인으로 활동했다. 이 두 잡지와 다른 간행물들에 문학과 철학 문제를 다룬 많은 논문을 게재하고 연극비평과 서평을 썼다.
- 자유문학협회, 조르다노 브루노 연맹, 문예인 모임인 "디 콤멘덴Die Kommenden"(미래인) 등에서 강연했다. 엘제 라스커 쉴러Else Lasker-Schüler, 페터 힐레Peter Hille, 슈테판 츠바이크Stefan Zweig, 캐테 콜비츠Käthe Kollwitz, 에리히 뮈잠Erich Mühsam, 파울 셰르바르트Paul Scheerbart, 프랑크 베데킨트Frank Wedekind, 그리고 "프리드릭스하겐Friedrichshagen 사람들"을 만났다. 루트비히 야코봅스키Ludwig Jakobowski, 오토 에리히 하르트레벤Otto Erich Hartleben과 교유했다.
- 1899년 안나 오이니케Anna Eunike와 결혼했다. 안나 오이니케는 1911년에 세상을 떠났다.
- 빌헬름 리프크네히트Wilhelm Liebknecht가 설립한 베를린의 노동자학교, 그리고 1902년부터는 슈판다우Spandau 노동자학교에서 가르쳤다. 1899년부터 1904년까지 이어진 이 교육 활동의 수업 과목은 역사, 강연법, 문학, 자연과학 등이었다. 쿠르트 아이스너Kurt Eisner와 로자 룩셈부르크Rosa Luxemburg를 만났다.
- 1900년 《19세기의 세계관과 인생관》(Welt- und Lebensanschauungen im neunzehnten Jahrhundert) 제1권을 출간했으며, 제2권의 출간은 일 년 뒤인 1901년에 이루어졌다. 이 저작의 개정증보판은 제목을 《철학의 수수께끼》(Die Rätsel der Philosophie)로 바꾸어 1914년에 출간되었다.
- 구텐베르크 500주년에 베를린의 한 서커스 공연장에서 7000명의 활자공과 인쇄공 앞에서 기념 강연을 했다.
- 1900년 가을, 신지학 도서관에서 연속 강연회를 가졌다. 주제는 니체, 괴테의 "동화", 신비학, 신비학과 현재의 관계 등이었다.
- 1900년 처음으로 마리 폰 지버스Marie von Sievers를 만났다. 1902년 이래 그녀는 루돌프 슈타이너의 가장 밀접한 동료가 되었다. 폰 지버스는 파리 음악원에서 낭송예술을, 페테르부르크에서 연극예술을 공부했다. 에두아르 쉬레Edouard Schuré의 여러 작품을 독일어로 옮겼다.
- 《근대 정신생활 출현기의 신비주의, 그리고 현대 세계관과의 관계》(Die Mystik im Aufgange des neuzeitlichen Geisteslebens und ihr Verhältnis zur modernen Weltanschauung)를 출간했다. 1901/02년에 신지학협회에

서 행한 두 번째 순회강연을 손보아 《신비적 사실로서의 그리스도교》 (Christentum als mystische Tatsache)라는 제목으로 출간했다.
- 헬레나 페트로브나 블라바츠키Helena Petrowna Blavatsky와 헨리 스틸 올코트 Henry Steel Olcott가 1875년에 창립한 신지학협회의 회원이 되었고, 1902년 10월부터 신지학협회 독일지부의 사무총장으로 일했다. 애니 베전트 Annie Besant를 만났다.
- 1902년부터 1904년까지 "프리드릭스하겐 사람들"인 브루노 빌레Bruno Wille와 빌헬름 뵐셰Wilhelm Bölsche가 세운 자유대학에서 초빙강사로 활동했다.

1902 - 1912
신지학에서 인지학으로. 국내외의 강연 여행

- 마리 폰 지버스와 함께 국내외에 신지학 집회소를 구축했다. 공개강연과 신지학협회 회원을 위한 강연을 활발하게 행했다. 1904년 비전秘傳학교 Esoterische Schule 기관에서 활동했다.
- 월간지 〈루시퍼〉(Luzifer)를 창간하여 발행인이자 편집인으로 일했다. 잡지의 제호는 1903년에 〈루시퍼·그노시스Lucifer-Gnosis〉로 바뀌었다. 이 잡지에는 루돌프 슈타이너의 주요 논문들이 연재되었다. 연재된 논문은 〈어떻게 초감각적 세계의 인식에 도달할 것인가?〉(Wie erlangt man Erkenntnissen der höheren Welten?), 〈아카샤 기록의 해석〉(Aus der Akasha-Chronik), 〈신지학과 사회 문제〉(Theosophie und soziale Frage), 〈아동교육〉(Die Erziehung des Kindes), 〈고차적 인식의 단계들〉(Die Stufen der höheren Erkenntnis) 등이었고, 훗날 단행본으로 출판되었다.
- 크리스티안 모르겐슈테른Christian Morgenstern, 에두아르 쉬레와 교유했다. 1908년에는 바실리 칸딘스키를 만났다.
- 1903/04년부터 해마다 가을, 겨울에 베를린의 건축가협회 등에서 일반을 위한 연속강연을 가졌는데, 강연 주제는 "인간의 기원과 목표", "영혼생명의 생성변형론", 현재의 주요 질문에 대한 정신과학의 대답" 등이었다.
- 1904년, 기본서에 속하는 《신지학. 초감각적 세계 인식과 인간 규정 입문》(Theosophie. Einführung in übersinnliche Welterkenntnis und

Menschenbestimmung)을 출판했다.
- 파리, 부다페스트, 네덜란드, 스칸디나비아, 이탈리아를 비롯해서 독일과 스위스의 여러 도시에서 강연했다. 뮌헨에서 에두아르 쉬레의 연극들을 연출했다.
- 1910년, 우주론과 진화론의 문제들에 관한 연구 결과를 《비밀학 개요》(Geheimwissenschaft im Umriss)라는 제목으로 출판했다.
- 1910년에서 1913년에 걸쳐 자신이 쓴 네 편의 신비극을 연출하여 초연했다.
- 연극 공연과 강연을 위한 건물의 설계도를 그렸다. 뮌헨의 슈바빙 지역에 지으려던 이 건축 계획은 주민과 관청의 저항으로 무산되었다.
- 《인간과 인류의 정신적 인도》(Die geistige Führung des Menschen und der Menschheit), 《인간이 자기 인식을 얻는 과정》(Ein Weg zur Selbsterkenntnis des Menschen), 《정신세계의 문턱》(Die Schwelle der geistigen Welt) 등을 출간했다.
- 1910년에 쓰기 시작한 《인지학》(Anthroposophie)은 미완작으로 남았다. 감각론을 집중적으로 연구했다.
- 1911년, 쾰른에서 러시아 작가 안드레이 벨리Andrej Belyj(《페테르부르크》의 저자)를 만났는데, 이 만남은 벨리의 삶과 작품에 큰 영향을 끼쳤다. 프라하에서 프란츠 카프카Franz Kafka, 막스 브로트Max Brod, 후고 베르크만 Hugo Bergmann을 만났다.
- 1911년, 새로운 동작예술인 "오이리트미Eurythmie"를 창안하여 발전시켜 나갔다.

1912 - 1918
인지학협회 창립. 건축가, 예술가, 강연자

- 1912/13년, 신지학협회와 결별하고 인지학협회를 창립했다. 국내외에 인지학협회 지부들을 설립했다.
- 국내외 많은 도시에서 강연했다. 주제는 재탄생과 카르마, 성서, 죽음과 새로운 탄생 사이의 삶, 신비의 역사, 감각론, 진화의 역사 등이었다.
- 1913/19년, 루돌프 슈타이너의 지휘와 여러 나라의 수많은 예술가들의 협력으로, 연극, 오이리트미, 강연 등을 위해 루돌프 슈타이너가 설계한

괴테아눔Goetheanum이 스위스 도르나흐Dornach에 세워졌다. 제1차 괴테아눔은 서로 이어지는 두 개의 돔 지붕에 유기적 조소예술로 장식된 내부 기둥을 가진 목조건축물이었다. 이 건물을 위한 루돌프 슈타이너의 예술 작품으로는 조형적인 내외장(설계), 천정화(초안 스케치, 부분적인 제작 참여), 스테인드글라스(문양 초안), 높이 9미터의 목조 조각품 "인류의 대표상"(초안 구상, 부분적인 예술작업 참여) 등이 있다.
- 1914년, 마리 폰 지버스와 결혼했다.
- 루돌프 슈타이너의 설계에 따라 도르나흐 언덕에 지어진 괴테아눔 건축물뿐 아니라 그 주변에는 특징적인 건축물들이 주거와 업무용으로(글라스하우스, 난방공급실, 둘데크Duldeck하우스, 변전실, 판 블로메스타인van Blommestein하우스) 들어섰다. 1920년대 초반에는 프레데Vreede하우스(아를레스하임), 세 채의 오이리트미관, 야거Jaager 저택(아틀리에와 주거용), 오이리트메움Eurythmeum(기존의 주택을 증축함), 출판사, 베크만Wegman관(아를레스하임), 슈어만Schuurman저택(음악연습실 겸용)건물 등이 들어섰다. 독일 슈투트가르트에 오이리트미학교 건물이 세워졌지만 제2차 세계대전 중에 파괴되었다.
- 예술, 건축, 시사, 정신과학 등을 주제로 국내외에서 여러 차례 강연회를 가졌다.
- 1917년, 인간유기체의 3구성론(신경·감각체계, 리듬체계, 신진대사·사지체계), 인간학과 인지학의 관계 해설 등에 관한 루돌프 슈타이너의 연구 결과를 정리한 《영혼의 수수께끼》(Von Seelenrätseln)를 출간했다.

1917 - 1923
사회개혁가, 학교 설립자, 언론인

- 중부유럽의 상황에 관해 정치인 오토 그라프 레르헨펠트Otto Graf Lerchenfeld와 대화를 나눈 뒤, 루돌프 슈타이너는 공공생활의 사회적 개혁 전망을 담은 두 편의 메모랜덤을 작성했다. 1917년, 이 글은 독일(퀼만Kühlmann, 막스 폰 바덴Max von Baden 왕자)과 오스트리아(카를Karl 황제)의 다수의 영향력 있는 정치인들에게 전달되었다.
- "사회 문제"를 주제로 취리히에서 가진 연속강연의 기록은 개정작업을 거쳐 1919년 4월 《현재와 미래의 삶에 필연적인 사회 문제의 핵심》

(Die Kernpunkte der sozialen Frage in den Lebensnotwendigkeiten der Gegenwart und Zukunft)이라는 제목으로 출간되었다. 이 저작의 주된 사고는 "사회유기체의 3구성론"으로, 이는 국가의 해체를 통해 자유로운 정신생활로 옮겨가는 것, 민주적 법생활, 연대적 경제생활의 실현을 의미하는 것이었다.
- 슈투트가르트와 그 주변 지역에서 노동자단체 대표들 및 기업가들을 상대로 한 강연과 다수의 간담회에서 루돌프 슈타이너는 기업마다 노사운영위원회를 설치해야 한다고 역설했다.
- 집중적인 준비 작업을 거쳐 1919년 가을에 슈투트가르트에 초등학교와 상급학교의 통합과정을 갖춘 자유발도르프학교를 설립했다. 발도르프 아스토리아Waldorf-Astoria 담배공장의 사장이자 헤르만 헤세의 동창생인 에밀 몰트Emil Molt가 후원자 역할을 했다. 루돌프 슈타이너는 개교했을 때부터 1925년 세상을 떠날 때까지 학교를 이끌었다. 교육학 세미나에서는 교사를 양성했다.
- 1919년 2월 24일에는 마리 슈타이너의 지도로 취리히의 파우엔테아터Pfauentheater에서 오이리트미 예술을 처음으로 무대에 올렸다.

1920 - 1925
강연자, 예술가, 동기부여자

- 독일 국내외에서 많은 강연을 하고, 인지학협회 회원들을 위한 연속강연회를 가졌다. 주제는 "소우주와 대우주의 상응 관계", 우주의 지혜를 다루는 학문으로서의 인지학", "우주적 맥락 안에 존재하는 인간", "창조, 형성, 형상화를 이루는 우주 소리의 조화로 존재하는 인간", "카르마의 연관관계에 대한 비의적 견해" 등이었다. 이와 동시에 여러 전문분야의 주제에 관해 강연해 줄 것을 요청받는 경우가 점점 더 늘었다. 교육학, 의학, 신학, 경제학, 농업(생명역동 농법의 창안), 물리학, 연극예술, 치유교육 등이 강연의 주제였다.
- 화가 양성의 기초를 제공하기 위해 일련의 파스텔화와 수채화("자연의 정취", "프리트바르트Friedwart의 분위기" 등)를 그렸다. 책 표지, 포스터, 행사 프로그램, 레터헤드, 약품 및 화장품 포장 등을 위해 직접 그래픽을 디자인했다.

- 독일 국내외에서 수많은 오이리트미 공연이 이루어졌는데, 루돌프 슈타이너는 이 새로운 동작예술의 기초를 안내하는 개막 강연을 하는 경우가 잦았다.
- 1922년 가을에 루돌프 슈타이너가 참여한 가운데 "종교혁신운동"(그리스도인 공동체)이 조직되었다.
- 인지학 연구소, 병원, 학교들이 연이어 설립되었다. 오늘날 세계 최초의 유기농 화장품과 천연약제품 기업으로 활약하는 벨레다Weleda 주식회사가 세워졌다.
- 잡지 〈사회유기체의 3구성론〉(Dreigliederung des sozialen Organismus)과 인지학협회 전문 주간지 〈다스 괴테아눔Das Goetheanum〉에 정기적으로 글을 실었다.
- 1922년 마지막 날, 첫 번째 괴테아눔이 화재로 소실되었다. 그럼에도 불구하고 예술 행사와 강연 등의 업무는 폐허 바로 곁의 목공소에서 이전처럼 진행되었다. 1924년 가을 병석에 눕는 바람에, 루돌프 슈타이너는 콘크리트 건물로 설계된 제2차 괴테아눔(1928년 완공)의 외형 모델만 완성하는 데 그쳤다.
- 국내외에서 인지학 운동이 확산됨에 따라, 1923년 도르나흐에서는 인지학협회의 재창립이 이루어졌고, 루돌프 슈타이너가 회장을 맡았다. 정신과학을 위한 자유대학의 정비도 그의 지휘 아래 이루어졌다. 정신수련을 위한 심화과정은 세 단계로 구성되었다. 자유대학의 전문 분야는 의학, 순수문학, 조형예술과 언어조형, 음악예술, 청년정신훈련, 수학·천문학, 자연과학, 사회과학, 농업, 교육학, 인지학 분과로 나뉘었다.
- 1924년 가을, 루돌프 슈타이너는 병석에 누웠다. 엄청나게 늘어난 강연과 교육과정 활동은 이로 인해 급작스럽게 중단되었다.
- 병석에서도 자서전 《내 인생의 발자취》(Mein Lebensgang)의 집필은 계속되었다. 그리고 여의사인 이타 베크만Ita Wegman과 함께 《치유예술의 확장을 위한 토대》라는 책을 썼는데, 이 책은 그의 사후에 출판되었다.
- 1925년 3월 30일, 루돌프 슈타이너는 스위스 바젤 인근의 도르나흐에서 숨을 거두었다. 그의 묘는 괴테아눔 부지에 있으며, 그 옆에는 크리스티안 모르겐슈테른의 유골함이 묻혀 있다.

루돌프 슈타이너
전집 목록

전집 총 354권은 1956년부터 스위스 도르나흐 소재 〈루돌프 슈타이너 유고관리국〉에서 간행되고 있다. 제목 뒤의 출간 연도는 "1883/1897"처럼 연도 표시가 두 번인 경우 초판과 개정판을, "1889-1901"처럼 표시된 것은 저작물의 완성 기간 또는 원고의 연재 기간을 표시한 것이다. 그리고 맨 뒤 괄호 안의 이탤릭체 숫자는 전집번호(GA로 통용)이다.

A. 저작물
1. 저서

Goethes Naturwissenschaftliche Schriften, 5 Bände, 1883/1897 (1a-e); 1925 *(1)*
괴테의 자연과학서, 총 5권 (루돌프 슈타이너의 서문과 해설)

Grundlinien einer Erkenntnistheorie der Goetheschen Weltanschauung, 1886 *(2)*
괴테 세계관의 인식론적 기초(한국인지학출판사)

Wahrheit und Wissenschaft. Vorspiel einer <Philosophie der Freiheit>, 1892 *(3)*
진리와 과학. 〈자유의 철학〉의 서막

Die Philosophie der Freiheit. Grundzüge einer modernen Weltanschauung,1894 *(4)*
자유의 철학. 현대 세계관의 개요

Friedrich Nietzsche, ein Kämpfer gegen seine Zeit, 1895 *(5)*
시대에 맞선 투사 니체

Goethes Weltanschauung, 1897 *(6)*
괴테의 세계관

Die Mystik im Aufgange des neuzeitlichen Geisteslebens und ihr Verhältnis zur modernen Weltanschauung, 1901 *(7)*
근대 정신생활 출현기의 신비주의, 그리고 현대 세계관의 관계

Das Christentum als mystische Tatsache und die Mysterien des Altertums, 1902 *(8)*
신비적 사실로서의 그리스도교와 고대의 신비들(《신비적 사실로서의 그리스도교》, 한국인지학출판사)

Theosophie. Einführung in übersinnliche Welterkenntnis und Menschenbestimmung, 1904 *(9)*

신지학. 초감각적 세계 인식과 인간 규정 입문

Wie erlangt man Erkenntnisse der höheren Welten? 1904/1905 *(10)*
어떻게 초감각적 세계의 인식에 도달할 것인가?

Aus der Akasha-Chronik, 1904-1908 *(11)*
아카샤 연대기로부터 (《인간과 지구의 발달. 아카샤 기록의 해석》, 한국인지학출판사)

Die Stufen der höheren Erkenntnis, 1905-1908 *(12)*
고차적 인식의 단계들

Die Geheimwissenschaft im Umriß, 1910 *(13)*
비밀학 개요

Vier Mysteriendramen, 1910-1913 *(14)*
신비극 4편

Die geistige Führung des Menschen und der Menschheit, 1911 *(15)*
인류와 인간을 위한 정신적 안내

Anthroposophischer Seelenkalender, 1912 *(in 40)*
인지학적 영혼달력 (《영혼달력. 루돌프 슈타이너의 명상시 52편》, 한국인지학출판사)

Ein Weg zur Selbsterkenntnis des Menschen, 1912 *(16)*
인간의 자기 인식을 얻는 과정

Die Schwelle der geistigen Welt, 1913 *(17)*
정신세계의 문턱

Die Rätsel der Philosophie in ihrer Geschichte als Umriß dargestellt, 1914 *(18)*
철학의 수수께끼. 철학사 개요

Vom Menschenrätsel, 1916 *(20)*
인간이라는 수수께끼

Von Seelenrätseln, 1917 *(21)*
영혼의 수수께끼

Goethes Geistesart in ihrer Offenbarung durch seinen Faust und durch das Märchen von der Schlange und der Lilie, 1918 *(22)*
〈파우스트〉와 〈뱀과 백합의 동화〉에 나타난 괴테의 정신적 특성

Die Kernpunkte der sozialen Frage in den Lebensnotwendigkeiten der Gegenwart und Zukunft, 1919 *(23)*
현재와 미래의 삶에 필연적인 사회 문제의 핵심

Aufsätze über die Dreigliederung des sozialen Organismus und zur Zeitlage, 1915-1921 *(24)*
사회 유기체의 3구성과 1915-1921년 시대상에 대한 소고들

Philosophie, Kosmologie und Religion, 1922 *(25)*
철학·우주론·종교(《인지학에서 바라본 세 영역: 철학·우주론·종교》, 한국인지학출판사)

Anthroposophische Leitsätze, 1924/1925 *(26)*

인지학의 주요 원칙들

Grundlegendes für eine Erweiterung der Heilkunst nach geisteswissenschaftlichen Erkennt-nissen, 1925. Von Dr. R. Steiner und Dr. I. Wegman *(27)*
정신과학적 인식에 의한 치유예술 확장의 토대

Mein Lebensgang, 1923/25 *(28)*
내 인생의 발자취 (《루돌프 슈타이너 자서전. 내 인생의 발자취》, 한국인지학출판사)

2. 논문 모음

Aufsätze zur Dramaturgie 1889-1901 *(29)*
희곡론

Methodische Grundlagen der Anthroposohpie 1884-1901 *(30)*
인지학의 방법론적 토대

Aufsätze zur Kultur- und Zeitgeschichte 1887-1901 *(31)*
문화사와 시대사에 대한 소고들

Aufsätze zur Literatur 1886-1902 *(32)*
문학론

Biographien und biographische Skizzen 1894-1905 *(33)*
전기와 생애에 대한 스케치

Aufsätze aus《Lucifer-Gnosis》 1903-1908 *(34)*
잡지 〈루시퍼·그노시스〉에 실린 소고들

Philosophie und Anthroposophie 1904-1918 *(35)*
철학과 인지학

Aufsätze aus <Das Goetheanum> 1921-1925 *(36)*
인지학 전문 주간지 〈괴테아눔〉에 실린 소고들

3. 유고 간행물

Briefe 서간문 / *Wahrspruchworte* 잠언집 / *Bühnenbearbeitungen* 무대작업들 / *Entwürfe zu den Vier Mysteriendramen* 1910-1913 신비극 4편의 스케치 / *Anthroposophie. Ein Fragment* 인지학. 미완 원고 / *Gesammelte Skizzen und Fragmente* 스케치와 미완 원고 모음 / *Aus Notizbüchern und -blättern* 수첩과 메모장 모음 *(38-47)*

B. 강연문

1. 공개강연

Die Berliner öffentlichen Vortragsreihen, 1903/04 bis 1917/18 *(51-67)*

베를린 기획강연

*Öffentliche Vorträge, Vortragsreihen und Hochschulkurse an anderen Orten Europas
1906-1924 (68-84)*
공개강연, 기획강연, 그리고 유럽 각지 대학에서 가진 강좌 내용 모음

2. 인지학협회 회원을 위한 강연

Vorträge und Vortragszyklen allgemein-anthroposophischen Inhalts 일반 인지학 내용의 강연과 연속강연회 / *Christologie und Evangelien-Betrachtungen* 그리스도론과 복음서 고찰 / *Geisteswissenschaftliche Menschenkunde* 정신과학적 인간학 / *Kosmische und menschliche Geschichte* 우주와 인간의 역사 / *Die geistigen Hintergründe der sozialen Frage* 사회 문제의 정신세계적 배경 / *Der Mensch in seinem Zusammenhang mit dem Kosmos* 우주적 맥락 안에 존재하는 인간 / *Karma-Betrachtungen* 카르마 연구 *(91-244)*

Vorträge und Schriften zur Geschichte der anthroposophischen Bewegung und der Anthropo-sophischen Gesellschaft (251-265)
인지학 운동과 인지학협회의 역사에 대한 강연문과 원고들

3. 영역별 강연과 강좌

Vorträge über Kunst: Allgemein-Künstlerisches 일반 예술에 관한 강연 – Eurythmie 새로운 동작예술로서 오이리트미 – Sprachgestaltung und Dramatische Kunst 언어 조형과 연극예술 – Musik 음악 – Bildende Künste 조형예술 – Kunstgeschichte 예술사 *(271-292)* – Vorträge über Erziehung 발도르프 교육학 *(293-311)* – Vorträge über Medizin 의학 관련 강연회 *(312-319)* – Vorträge über Naturwissenschaft 자연과학에 관한 강연회 *(302-327)* – Vorträge über das soziale Leben und die Dreigliederung des sozialen Organismus 사회적 양상과 사회 유기체의 3구성론에 관한 강연회 *(328-341)* – Vorträge für die Arbeiter am Goetheanumbau 1차 괴테아눔 건축 당시 노동자를 위한 강연회 *(347-354)*

C. 예술 작품

Originalgetreue Wiedergaben von malerischen und graphischen Entwürfen und Skizzen Rudolf Steiners in Kunstmappen oder als Einzelblätter: Entwürfe für die Malerei des Ersten Goetheanum 루돌프 슈타이너가 직접 그린 작품철과 스케치: 회화, 그래픽, 1차 괴테아눔 천정벽화 스케치의 복사본 / Schulungsskizzen für Maler 화가를 위한 수련 스케치 / Programmbilder für Eurythmie-Aufführungen 오이리트미 공연 프로그램을 위한 그림들 / Eurythmieformen 오이리트미 안무 / Skizzen zu den Eurythmiefiguren, u.a. 오이리트미 동작 모형물 등의 스케치

발도르프 교육학
관련 도서

발도르프 교육예술
루돌프 슈타이너 지음 / 17,000원 / 발행 한국인지학출판사

이 책은 런던에서 발도르프학교를 모델로 하는 초등학교 설립이 결정되었을 때 그곳 초대 교사진을 위해 이루어진 강연을 기록한 것입니다. 슈타이너 박사가 생전에 제공한 마지막 교육학 강좌로 주목 받는 이 자료를 통해 우리는 인간 본성을 중시한 발도르프 교육예술의 정수와 여러 교과목의 혁신적 교수방법론을 쉽게 이해할 수 있습니다.

발도르프 아동교육
발달 단계의 특성에 기초한 교육
루돌프 슈타이너 지음 / 12,000원 / 이정희 옮김 / 발행 씽크스마트

발도르프 교육론은 자유로운 생각, 자발적인 표현과 사고 안에서 주체적인 사람으로 거듭나게 하는 교육 철학이다. 이 책은 창의 인성 교육에 관심을 가진 사람들에게 훌륭한 교육 지침서가 될 것이다. -박수찬(서울시 남부교육지원청 교육지원국장)

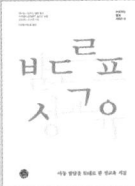

발도르프 성교육
아동 발달을 토대로 한 성교육 지침
마티아스 바이스, 엘케 륍케, 미하엘라 글뢰클러, 볼프강 괴벨, 만프레드 반 도른 지음 / 이정희·여상훈 옮김 / 12,000원 / 발행 씽크스마트

발도르프 교육학자, 소아청소년과 의사, 심리상담 치료사가 교육적 관점으로 가정과 현장에서 아이들이 겪는 성의 발달에 어떻게 동행하고 성교육을 언제 시작해야 할지 기본 방향을 안내합니다.

발도르프 육아예술
조바심·서두름을 치유하는 거꾸로 육아
이정희 지음 / 14,000원 / 발행 씽크스마트

43가지 발도르프 육아 이야기
인지 위주의 학습을 멀리하며 자유로운 놀이로 아이 고유의 본성을 이끌어 내는 한편, 건강한 신체 발달을 이루고 자신의 의지를 조절할 수 있게 해주는 교육이다.

유아 그림의 수수께끼
성장의 발자국 읽기
미하엘라 슈트라우스 지음 / 여상훈 옮김 / 24,000원 / 발행 한국인지학출판사

발도르프 교육의 고전, 영유아기 그림 언어에 담긴 수수께끼를 풀어주는 열쇠.

루돌프 슈타이너 전집

인지학 영혼달력
루돌프 슈타이너 명상시 52편
루돌프 슈타이너 지음 / 8,000원 / 발행 한국인지학출판사

발도르프 교육과 인지학의 창시자인 저자가 봄에 접어드는 4월 첫째 주를 시작으로 1년 52주, 52개의 잠언을 모아 엮은 책입니다. 계절의 흐름에 따른 우주 순환과 자기 내면의 변화, 그리고 그 사이의 의미 가득한 연결을 생생한 이미지로 그려냈습니다.

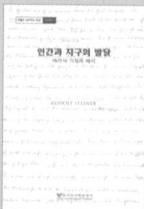

인간과 지구의 발달
아카샤 기록의 해석
루돌프 슈타이너 지음 / 장석길, 루돌프 슈타이너 전집발간위원회 옮김 / 25,000원 / 발행 한국인지학출판사

우주와 인류가 걸어온 역사의 본질은 무엇일까? "아카샤"(우주 만물)에 새겨진 생성과 발달의 흔적은 우리에게 어떤 이야기를 들려주는가? 인간과 지구의 발달을 설명하는 루돌프 슈타이너의 인지학 논집 <아카샤 기록으로부터>의 한국어 초역본.

괴테 세계관의 인식론적 기초
특별히 실러와의 관계를 참작하며
루돌프 슈타이너 지음 / 박지용 옮김 / 14,000원 / 발행 한국인지학출판사

인식의 한계에도 불구하고 인간은 사유를 통해 "정신이 현실인 세계" 안에 살게 된다는 것이 슈타이너 인식론의 결론이다. 그리고 이 결론의 철학적 원천은 괴테 저작의 "내적인 확실성과 조화로운 완결성"이었다. 이를 바탕으로 칸트 철학과 신칸트학파의 인식론적 이분법을 극복하고 정신세계의 현실을 지향하는 인지학이 창설된다. 슈타이너 인식론의 이해에 가장 중요한 전집 제2권의 첫 한국어 완역판.

철학·우주론·종교
인지학에서 바라본 세 영역
루돌프 슈타이너 지음 / 루돌프 슈타이너 전집발간위원회 옮김 / 13,000원 / 발행 한국인지학출판사

루돌프 슈타이너,
인지학의 설계자,
발도르프 교육학의 창시자.

어떤 이들에게는 당대의 사람들을 "자유로, 빛 안으로, 의식으로, 인간의 영혼 안에 깃든 신성한 것을 알도록, 나 자신을 깨닫도록, 그리스도를 알도록 이끈" 선각자.
그리고 물질주의와 과학을 숭배한 근대 이래의 지식인들에게는 신비주의적 유사 종교와 문예적 관념론 사이에서 길을 잃어버린 세기의 이단아. 하지만 인간의 본성과 지식의 본질에 관한 그의 선연한 통찰은 현대 서양 정신사의 파격, 온갖 형식과 권위의 위선에 맞선 진정한 자유의 선언이었다.

인간의 정신과 세계에 대한 슈타이너의 가차없는 분석이 옳았음은, 자유를 지향하며 세계 최초로 창의·인성 교육을 강조한 발도르프학교를 비롯하여 의학, 건축, 예술과 농법 등 인지학의 응용 분야가 실생활에 적용되어 성공적으로 증명되고 있다.

이 자서전은 현대 정신사의 대표적인 풍운아인 저자의 사상이 괴테와 관념철학의 빛을 받고 내면 수련을 거치며 모습을 갖추는 과정을 유려하게 보여준다. 플라톤 이래 서양 정신을 지배한 이원론을 극복하고 인간과 세계 현존의 정신성을 직관하는 가운데 얻는 진정한 지식과 이해가 어떻게 "자유의 철학"으로 이어지는지 육성으로 들려준다.

자서전은 19세기 말 유럽의 불안한 사회상과 방황하는 정신세계를 관통하는 생생한 기록물이다. 괴테의 문예적 자연관과의 상세한 대면, 죽음을 앞둔 니체를 직접 만난 뒤 놀랍도록 아름답고 투명하게 정리한 니체 철학의 요체, 세기말에서 제1차 세계대전에 이르는 시기의 빈, 바이마르, 베를린을 유영하던 지식인과 문인과 예술가들의 감성. 이것만으로도 이 특별한 "발생 기록"은 일독의 가치가 있다.

그렇게 이 자서전을 읽은 다음 판단할 일이다. 그가 인간의 지성을 정신의 차원까지 올라가도록 이끌었는지, 아니면 발도르프 교육 같은 인지학적 유산에도 불구하고 여전히 비의에 빠진 사상의 몽상가인지를.

전집 근간
- 진리와 과학 <자유의 철학>의 서막
- 괴테의 세계관

루돌프 슈타이너 지음 / 장석길, 루돌프 슈타이너 전집 발간위원회 옮김 / 35,000원 / 발행 한국인지학출판사